普通高等教育经管类专业系列教材

ERP 沙盘模拟高级指导教程
(第 5 版)

王新玲　主编

清华大学出版社

北　京

内容简介

"ERP 沙盘模拟"是目前高等院校经管类学科普遍开设的一门企业经营管理实训课程。"ERP 沙盘模拟"课程自 2003 年面世以来,其体验式教学方法获得受训者的广泛认可,成为继传统教学与案例教学之后的一种新的教学尝试。"ERP 沙盘模拟"课程及其教学方法不仅适用于高等院校经济管理专业及其他专业的实训教学,也适用于企业开展旨在提升管理知识、训练管理技能的各类培训。

本书分为课程导读和五个项目内容。课程导读部分简要地介绍了开设"ERP 沙盘模拟"课程的目标、内容及方法;项目一引导建立企业竞争组织并介绍了模拟企业的背景;项目二对企业竞争规则进行了阐述;项目三通过引导起始年介绍了企业运营流程;项目四通过模拟一个企业六年的经营过程,帮助读者体验企业业务运作与经营管理的全过程;项目五介绍了新道科技股份有限公司研发的新商战电子沙盘。另外,附录中给出了企业竞争模拟中需要用到的表格、辅助计算工具等。

本书封面贴有清华大学出版社防伪标签,无标签者不得销售。
版权所有,侵权必究。举报: 010-62782989, beiqinquan@tup.tsinghua.edu.cn。

图书在版编目(CIP)数据

ERP沙盘模拟高级指导教程/王新玲主编. —5版. —北京:清华大学出版社,2023.1(2025.7重印)
普通高等教育经管类专业系列教材
ISBN 978-7-302-62012-9

I. ①E… II. ①王… III. ①企业管理—计算机管理系统—高等学校—教材 IV. ①F270.7

中国版本图书馆 CIP 数据核字(2022)第 187597 号

责任编辑:刘金喜
装帧设计:孔祥峰
责任校对:马遥遥
责任印制:宋 林

出版发行:清华大学出版社
    网 址: https://www.tup.com.cn, https://www.wqxuetang.com
    地 址: 北京清华大学学研大厦 A 座 邮 编: 100084
    社 总 机: 010-83470000 邮 购: 010-62786544
    投稿与读者服务: 010-62776969, c-service@tup.tsinghua.edu.cn
    质 量 反 馈: 010-62772015, zhiliang@tup.tsinghua.edu.cn
印 装 者:北京同文印刷有限责任公司
经 销:全国新华书店
开 本: 185mm×260mm 印 张: 12.75 字 数: 295 千字
版 次: 2006 年 10 月第 1 版 2023 年 1 月第 5 版 印 次: 2025 年 7 月第 7 次印刷
定 价: 49.80 元

产品编号: 099400-01

前言

  对于刚开启大一新生活的一些学生来说，紧绷的那根"高考"弦终于放松了下来，十几年来努力学习总算有了一个结果，这时很容易松懈下来渐渐地失去前行的目标；对于大二、大三和大四的一些学生来说，虽然他们学习了某个专业的基础课程和专业课程，但他们并不知道为什么要学、学了有什么用，加上传统的教学方法不注重调动学生的主动性，以及信息化社会存在种种诱惑，于是一些学生逐渐产生了"厌学"情绪。

  如果有这样一个课程，能够让学生了解所学的专业、了解未来在企业中担负的职责、了解某个岗位的主要工作内容，以及了解自己目前的知识和能力是否能胜任这份工作，如果不喜欢这个类型的工作，还有哪些岗位适合自己。我想学生就会有足够的动力去拾遗补阙，让自己的知识和能力尽可能地贴近岗位要求。这也正是教育的责任所在。

  "ERP沙盘模拟"采用了一种全新的教学方法，既可以让学生全面学习、掌握经济管理知识，又可以充分调动学生学习的主动性；同时，让学生身临其境，真正感受一个企业经营者直面的或精彩或残酷的市场竞争，承担经营风险与责任，并由此提高学生经营管理的素质与能力。

  本书是"ERP沙盘模拟"课程的配套用书，集成了开设和学习该课程所用到的所有教学资料。与第4版相比，本版教材修订了部分内容，调整了部分表格，细化了经营规则，新增了微课视频，使之更易于课堂教学和课下自学。

  本书由王新玲主编，王贺雯、周宏等老师也参与了本书的编写，在此表示深深的谢意。

  由于作者水平有限，书中难免有疏漏之处，敬请大家指正。服务邮箱：476371891@qq.com。

  本书PPT课件可通过扫描下方二维码下载。

PPT 教学课件

编 者
2022 年 8 月

目 录

课程导读　目标·内容·方法 ··· 1
　目　标 ·· 1
　　拓展知识体系，提升管理技能 ··· 1
　　全面提高受训者的综合素质 ·· 2
　内　容 ·· 4
　　"ERP 沙盘模拟"释义 ··· 4
　　"ERP 沙盘模拟"课程 1-2-3 ··· 5
　方　法 ·· 7
　　学员 ··· 7
　　教师 ··· 8

项目一　团队组建 ··· 9
　任务一　组建我们的团队 ··· 9
　任务二　笨笨公司调研 ·· 12
　任务三　企业战略规划 ·· 17

项目二　领会规则 ··· 23
　任务一　市场主管需要领会的规则 ·· 24
　任务二　销售主管需要领会的规则 ·· 26
　任务三　生产主管需要领会的规则 ·· 29
　任务四　采购主管需要领会的规则 ·· 32
　任务五　财务主管需要领会的规则 ·· 32
　任务六　会计主管需要领会的规则 ·· 33

项目三　学习经营 ··· 42
　任务一　认知年初 4 项工作 ·· 45
　任务二　认知每季度 19 项工作 ··· 47
　任务三　认知年末 6 项工作 ·· 51

项目四　感悟管理 ··· 55

项目五　新商战电子沙盘对抗 ··· 89
　　任务一　新商战电子沙盘应用基础 ··· 90
　　任务二　系统管理员的任务 ·· 92
　　任务三　教师的任务 ·· 93
　　任务四　学生的任务 ·· 100
附录 A　"ERP 沙盘模拟"实训资料 ·· 121
附录 B　"新商战电子沙盘"实训资料 ·· 173

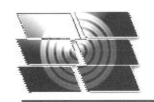

课程导读

目标·内容·方法

目　标

拓展知识体系，提升管理技能

传统教育划分了多个专业方向，学生只能择其一而修，专业壁垒禁锢了学生的发展空间和思维方式，而"ERP沙盘模拟"采用了一种全新的教学方法，既可以让学生全面学习、掌握经济管理知识，又可以充分调动学生学习的主动性。ERP沙盘模拟是对企业经营管理的全方位展现，受训者通过学习，可以在以下方面获益。

1. 全方位认识企业

全方位认识企业，了解企业的组织机构设置、各职能部门的职责和工作内容，从而对未来的职业方向建立基本认知。通过亲身体验企业的经营过程了解企业管理体系和业务流程，理解物流、资金流、信息流的协同过程。

2. 战略管理

成功的企业一定有着明确的企业战略，企业战略包括产品战略、市场战略、竞争战略及资金运用战略等。从最初的战略制定到最后的战略目标达成，连续六年的企业运作，历经感性了解、理性思考、科学管理，受训者将学会用战略的眼光看待企业的业务和经营，保证业务与战略的一致，在未来的工作中争取获得更多的战略性成功而非机会性成功。

3. 营销管理

市场营销就是企业用价值不断满足客户需求的过程。企业所有的行为、资源，无非是要满足客户的需求。通过几年的模拟竞争，受训者将学会分析市场、关注竞争对手、把握消费者需求、制定营销策略、准确定位目标市场，制订并有效实施销售计划。

4. 生产管理

我们把生产过程管理、质量管理、设备更新、产品研发统一纳入生产管理领域，在企业经营过程中，受训者将深刻感受生产与销售、采购、财务的密切关系，理解生产组织与技术创新的重要性。

5. 财务管理

在沙盘模拟过程中，团队成员将明确资产负债表、利润表的结构，通过财务报告、财务分析解读企业经营的全局，细化核算支持决策；掌握资本流转如何影响损益；通过"杜邦模型"解读企业经营的全局；理解"现金流"的重要性，学会进行资金预算，以最佳方式筹资，控制融资成本，提高资金使用效率。

6. 人力资源管理

从岗位分工、职位定义、沟通协作、工作流程到绩效考评，各个团队经过初期组建、短暂磨合，逐渐有了团队默契，完全进入了协作状态。在这个过程中，各自为战导致的效率低下、无效沟通引起的争论不休、职责不清导致的秩序混乱等情况将使团队成员深刻理解局部最优不等于总体最优，要学会换位思考。在全体成员有共同愿景、有共同的绩效目标、遵守相应的工作规范、彼此信任和支持的氛围下，企业更容易取得成功。

7. 基于信息管理的思维方式

通过ERP沙盘模拟，使受训者真切地体会到构建企业信息系统的紧迫性。决策来源于数据，数据来源于信息系统，企业信息系统如同飞机上的仪表盘，能够时刻跟踪企业运行状况，对企业业务运行过程进行控制和监督，及时为企业管理者提供丰富的可用信息。通过沙盘信息化体验，受训者可以感受企业信息化的实施过程及关键点，合理规划企业信息管理系统，为企业信息化做好观念和能力上的铺垫。

全面提高受训者的综合素质

ERP沙盘模拟不仅可以在提升专业知识和技能方面发挥作用，还可以全面提高受训者的综合素质。

1. 树立共赢理念

市场竞争是激烈的，也是不可避免的，但竞争并不意味着你死我活。寻求与合作伙伴之间的双赢、共赢才是企业发展的长久之道。这就要求企业知己知彼，在进行市场分析、竞争对手分析时做足文章。在竞争中寻求合作，企业才会有无限的发展机遇。

2. 培养全局观念与团队合作精神

通过对 ERP 沙盘模拟对抗课程的学习，受训者可以深刻地体会到团队协作的重要性。在企业运营这样一艘大船上，CEO 是舵手、CFO 保驾护航、营销总监冲锋陷阵……在这里，每一个角色都要以企业总体最优为出发点，各司其职，相互协作，一个有凝聚力的组织才有更大可能赢得竞争。

3. 保持诚信

诚信是一个企业的立足之基、发展之本。诚信原则在 ERP 沙盘模拟课程中体现为对"游戏规则"的遵守，例如，遵守市场竞争规则、产能计算规则、生产设备购置规则，以及转产等具体业务的处理规则。保持诚信是受训者立足社会、发展自我的基本素质。

4. 明确个性与职业定位的关系

每个个体因为拥有不同的个性而存在，这种个性在 ERP 沙盘模拟对抗中会有所显现。在分组对抗中，有的小组声势浩大，有的小组稳扎稳打，还有的小组则不知所措。虽然，个性特点与胜任角色有一定的关联度，但在现实生活中，很多人并不是因为"爱一行"才"干一行"的，更多的情况下需要大家"干一行"就"爱一行"。

5. 感悟人生

在市场的残酷与企业的经营风险面前，是"轻言放弃"还是"坚持到底"？这不仅是一个企业可能面临的问题，更是在人生中需要不断抉择的问题，经营自己的人生与经营一个企业具有一定的相通性。

第一年　懵懵懂懂地开始
第二年　计划怎么泡汤了
第三年　小心翼翼地活着
第四年　总有新问题出现
第五年　享受掌控的乐趣
第六年　成为更好的自己

ERP 沙盘模拟是我大学以来上过最生动的课程，它将我逐步代入了财务部长的身份，感受和企业共进退的悲喜；让我深入了解团队中的伙伴，建立了战友般的深厚情谊；更让我真正认识了自己。

内 容

"ERP 沙盘模拟"释义

> "ERP 沙盘模拟"是讲授企业经营管理的实训课程,采用的是一种全新的授课方法,它针对一个模拟企业,把企业运营所处的内外部环境定义为一系列的规则,由受训者组成六个相互竞争的模拟企业,通过模拟企业六年的经营,使受训者在分析市场、制定战略、营销策划、组织生产、财务管理等一系列活动中,参悟科学的管理规律,全面提升管理能力。

经营是企业以市场为对象,以商品生产和商品交换为手段,为了实现企业的既定目标,使企业的投资、生产、销售等经济活动与企业的外部环境保持动态平衡的一系列有组织的活动。

管理是人们为达到预定目标,对管理对象进行有意识的计划、组织、指挥、协调和控制等活动。企业管理就是组织人力、财力、物力、信息等资源,充分发挥资源效益,以实现企业目标。

企业的生产经营过程就是对企业资源的管理过程。

ERP 沙盘模拟是把企业运营的关键环节(如战略规划、资金筹集、市场营销、产品研发、生产组织、物资采购、设备投资与改造、财务核算与管理、企业信息化建设等)设计为可视的实体模型,用于模拟企业运营,具有简单、直观的特点。

以简驭繁,以小见大。

"ERP 沙盘模拟" 课程 1-2-3

组织准备工作 ▶ 企业基本情况 ▶ 企业运营规则 ▶ 初始状态设定 ▶ 企业竞争模拟 ▶ 现场案例解析

1. **组织准备工作**

   ➢ 学员分组。　　A B C D E F
   ➢ 角色分配。
   　□ 总经理　　□ 市场主管　□ 销售主管　□ 生产主管
   　□ 采购主管　□ 财务主管　□ 会计主管

   换位思考。

2. **企业基本情况**

   ➢ 概况：股东期望、产品、市场占有率、生产设施、盈利能力。
   ➢ 财务状况和经营成果。

3. **市场规则与企业运营规则**

   ➢ 市场划分与市场准入。
   ➢ 销售会议与订单争取。
   ➢ 厂房购买、出售与租赁。
   ➢ 生产线购买、转产与维修、出售。
   ➢ 产品生产。
   ➢ 原材料采购。
   ➢ 产品研发与 ISO 认证。
   ➢ 融资贷款与贴现。

4. **初始状态设定**

   ➢ 体验财务数据与企业业务的直接相关性。
   ➢ 为下一步企业运营做好准备。

5. 企业竞争模拟

- 市场分析。
- 战略与计划。
- 订单争取。
- 经营体验。
- 财务报告。

差异是由决策引起的！

6. 现场案例解析

- 现场典型案例的深层剖析。
- 深度反思。
- 获得管理感悟。

用数字说话，用事实说话！

方　法

学员

两天＝六年！

用两天的时间获得六年的企业经营体验，很难不被诱惑。

这将是"痛并快乐着"的两天，这将是你付出全部心智也不能判定经营成败的两天，这两天值得被铭记并将影响你的一生。

为了使课程能够达到预期的效果，给出如下提示。

1. 知错能进

学习就是发现问题，进而努力寻求解决问题的手段。在两天的学习过程中，谁犯的错误越多，谁的收获就越大，因此不要怕犯错误。

深刻的痛容易被铭记！

2. 亲力亲为

"ERP 沙盘模拟"开体验学习之先河，每一个学员，都要担任一定的职务，全程参与企业的经营过程，以获得经营企业的切身体验。

旁观者不受欢迎！

3. 落实于行动

两天的课程带给人的是启迪、是逻辑、是法则，而企业是真实而具体的，只有落实于行动才能检验你学到了什么。

仅有高见是不够的！

教师

我是一块万能砖，哪里需要哪里搬！

与传统教学方式不同，教师不再是填鸭式教学中的布道者，在ERP沙盘模拟教学的不同阶段，教师的身份也在不断地发生变化，这对授课教师的综合能力要求较高。下表列出了不同场景下教师所扮演的角色。

教师在ERP沙盘模拟中扮演的角色

教学进程	场景	教师扮演角色
组织准备工作	学员分组	引导者
企业基本情况	介绍模拟企业	模拟企业高管
市场规则及企业运营规则	课程规则阐释	国家行政管理机关、行业协会
沙盘教学年	介绍企业经营活动	模拟企业高管
企业经营模拟	订单争取、交货	市场及客户
企业经营模拟	下原料订单、到货、付款	供应商
企业经营模拟	贷款、贴现	金融机构
企业经营模拟	仲裁、奖励、罚款	公检法
企业经营模拟	结账提交报表	审计
企业经营模拟	全程	外部咨询机构
现场案例解析	案例解析及知识总结	教师

有问题就找我，没错！

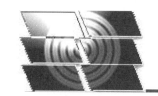

项目一
团 队 组 建

 实训目标

- ➢ 了解企业的组织结构。
- ➢ 理解各个角色的岗位职责。
- ➢ 学会进行企业调研。
- ➢ 理解制造企业的运营流程。

任务一　组建我们的团队

 任务描述

组建我们的团队.mp4

　　任何一个企业都有与企业类型相适配的组织结构。企业组织结构是企业全体职工为实现企业目标,在管理工作中进行分工协作,在职务范围、责任、权利方面形成的结构体系。
　　企业经营管理涉及企业的战略制定与执行、市场营销、采购管理、生产管理、财务管理等多项内容。在企业中,这些职能是由不同的职能部门担负执行的,企业经营管理过程也是各部门协同工作、共同努力实现企业目标的过程。

实践步骤

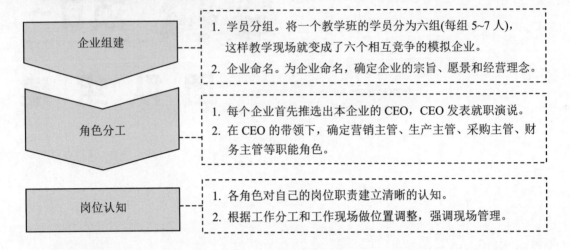

企业组建
1. 学员分组。将一个教学班的学员分为六组(每组 5~7 人)，这样教学现场就变成了六个相互竞争的模拟企业。
2. 企业命名。为企业命名，确定企业的宗旨、愿景和经营理念。

角色分工
1. 每个企业首先推选出本企业的 CEO，CEO 发表就职演说。
2. 在 CEO 的带领下，确定营销主管、生产主管、采购主管、财务主管等职能角色。

岗位认知
1. 各角色对自己的岗位职责建立清晰的认知。
2. 根据工作分工和工作现场做位置调整，强调现场管理。

要点提示

- 企业组建时，可以由教师进行职能部门及岗位职责介绍，引导学员自荐或通过竞选的方式产生 CEO，然后由 CEO 和其他学员双向选择形成企业组织。
- 如果教学班人数较多，可以将营销职能拆分为市场和销售两个职能，将财务职能拆分为财务和会计(或会计和出纳)两个职能；教学班人数不足 30 人时，可以由一个人兼任多个角色。
- 在经营过程中，可以进行角色互换，从而体验角色转换后考虑问题的出发点的相应变化，也就是学会换位思考。

知识链接

1. 总经理岗位认知

职位概要：负责制定和实施公司总体战略与年度经营计划；建立和健全公司的管理体系与组织结构；主持公司的日常经营管理工作，实现公司经营管理目标和发展目标。

在"ERP 沙盘模拟"课程中，企业所有的重要决策均由总经理带领团队成员共同决定，如果大家意见相左，由总经理拍板决定。总经理还要从结构、流程、人员、激励四个方面着手优化管理。

2. 市场主管岗位认知

职位概要：分析市场环境，进行市场预测，把握市场机会，树立企业品牌；制定公司市场战略和实施计划；进行企业竞争对手分析。

在"ERP 沙盘模拟"课程中，市场主管负责市场预测、市场开发、竞争对手分析、认证建设。

作为一个民营企业，笨笨公司最初在本地注册并开始运营，经过几年的经营，在本地市场上已站稳脚跟。在全球市场广泛开放之时，市场主管一方面要稳定企业现有市场，另一方面要积极拓展新市场，争取更大的市场空间，以实现销售额的稳步增长。

市场主管还担负着监控竞争对手的责任。首先确定谁是企业的竞争对手，只有在同一市场和企业竞争同一产品的竞争者才是企业的竞争对手。市场主管需要掌握，对手正在开拓哪些市场？未涉足哪些市场？他们在销售上取得了多大的成功？他们拥有哪类生产线？生产能力如何？充分了解市场，明确竞争对手的动向有利于今后的竞争与合作。

市场分析的依据是讲师提供的"市场预测"及每一年公示的企业经营报告数据。据此，市场主管要做出企业要进入哪一个市场、要进行哪一项认证、要研发哪一种产品的提议。

3. 销售主管岗位认知

职位概要：确定销售部门的目标体系；制订销售计划和销售预算；组建与管理销售团队；管理客户，确保货款及时回笼；分析与评估销售业绩。

企业的利润是由销售收入带来的，销售实现是企业生存和发展的关键。销售和收款是企业的主要经营业务之一，也是企业联系客户的门户。为此，销售主管应结合市场预测及客户需求制订销售计划，有选择地进行广告投放，取得与企业生产能力相匹配的客户订单，与生产部门做好沟通，保证按时交货给客户，监督货款的回收，进行客户关系管理。

4. 生产主管岗位认知

职位概要：制订、落实生产计划；组织、落实质量管理制度，监控质量目标的达成情况；规划、配置和调动生产资源，保证及时交货；优化生产组织过程，推动工艺路线的优化和工艺方法的改进，扩充并改进生产设备，不断降低生产成本；负责公司生产、安全、仓储、保卫及现场管理方面的工作。此外，生产主管还负责制订研究开发计划，组织新产品开发并进行有效的项目管理；持续扩大和改善产品系列，以最低的成本达到或超过客户的要求；主动、积极地研究新的技术实现手段降低产品成本，提高性价比；确保为客户提供及时的技术支持；确保正在生产的产品和新产品的正常生产。

生产主管是企业生产部门的核心人物，对企业的一切生产活动进行管理，并对企业的一切生产活动及产品负最终的责任。生产主管既是计划的制订者和决策者，又是生产过程的监控者，对企业目标的实现负有重大的责任，他的工作是通过计划、组织、指挥和控制等手段实现企业资源的优化配置，以创造最大经济效益。

在"ERP沙盘模拟"课程中，生产主管负责生产运营过程的正常进行，生产设备的维护与设备变更处理、成品库管理、产品研发等工作。

5. 采购主管岗位认知

职位概要：采购主管负责各种原料的及时采购和安全管理，确保企业生产的正常进行；负责编制并实施采购供应计划，分析各种物资供应渠道及市场供求变化情况，力求从价格上、质量上把好第一关，确保在合适的时间点、采购合适的品种及数量的物资，为企业生产做好后勤保障；进行供应商管理；进行原料库存的数据统计与分析。

采购主管负责制订采购计划、与供应商签订供货合同、监督原料采购过程，并按计划向供应商付款、管理原料库、做好并控制采购预算等具体工作。

6. 财务主管岗位认知

职位概要： 财务主管的主要职责是对企业的资金进行预测、筹集、调度与监控，其主要任务是管好现金流，按需求支付各项费用、核算成本，做好财务分析；进行现金预算、采用经济有效的方式筹集资金，将资金成本控制到较低水平，管好、用好资金。

如果说资金是企业的"血液"，财务部门就是企业的"心脏"。财务主管要参与企业重大决策方案的讨论，如设备投资、产品研发、ISO 资格认证等。公司进出的任何一笔资金都要经过财务部门。

7. 会计主管岗位认知

职位概要： 会计主管主要负责日常现金收付的记录，定期核查企业的经营状况，核算企业的经营成果，按时报送财务报表；对成本数据进行分类和分析；定期清查现金，盘点存货，确保账实相符。

在"ERP沙盘模拟"课程中，会计主管主要负责日常现金收支记录，于每年年末编制产品核算统计表、综合费用明细表、利润表和资产负债表。

任务二　笨笨公司调研

▨ 任务描述

首先我要恭喜你，你已经顺利地通过了笨笨公司招募新任管理层的初试考核，即将进入复试阶段。复试阶段将采用企业经营模拟竞争的方式进行，用两天的时间模拟企业六年的经营过程，胜出者就是笨笨公司的新任领导班子，这是一个年薪百万的工作机会，愿君珍惜，祝君好运！

对于即将走马上任的新任领导班子来说，应尽可能地了解管理对象——笨笨公司的情况，包括股东期望、企业目前的财务状况、市场占有率、产品、生产设施、盈利能力等，这有利于未来管理工作的开展。企业是复杂的、立体的，企业调研应该从何入手？调研哪些内容才能透视企业全貌？从不同的访谈内容中又该如何提炼关键要素？不妨一试。

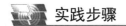 **实践步骤**

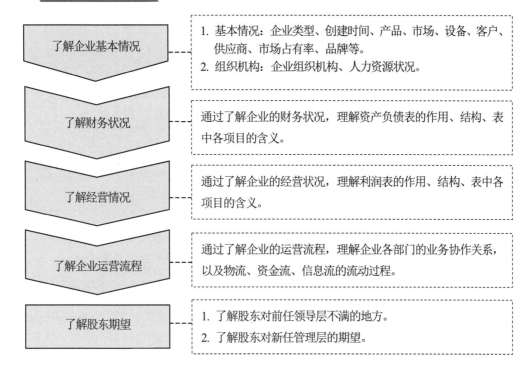

 **知识链接**

企业初始状态.mp4

1. 了解企业基本情况

> 企业是市场经济的微观经济主体,是从事商品生产、流通和服务等活动,为满足社会需要和盈利,进行自主经营、自负盈亏,具有法人资格的经济组织。

笨笨公司是一个典型的离散制造型企业,创建已有三年,长期以来一直专注于某行业 P 系列产品的生产与经营。目前企业拥有自主厂房——大厂房,其中安装了三条手工生产线和一条半自动生产线,运行状态良好。所有生产设备全部生产 P1 产品,几年来一直只在本地市场销售,利润率指标良好,有一定的知名度,客户也很满意。

笨笨公司目前的组织结构如图 1-1 所示。

图 1-1　笨笨公司的组织结构

2. 了解财务状况

> 财务状况，是指企业资产、负债、所有者权益的构成情况及其相互关系。企业的财务状况由企业对外提供的主要财务报告——资产负债表来表述。

资产负债表是根据资产、负债和所有者权益之间的相互关系(即"资产=负债+所有者权益"的恒等关系)，按照一定的分类标准和一定的次序，把企业特定日期的资产、负债、所有者权益三项会计要素所属项目予以适当排列，并对日常会计工作中形成的会计数据进行加工、整理后编制而成的，其主要目的是反映企业在某一特定日期的财务状况。

资产负债表右边列示的是企业的资金来源，主要包括负债和所有者权益两部分。取得企业经营所需资金后，需要用这些资金购买场地、设备等生产设施，以及原料等生产资料，因此资产负债表左方列示了资产项目，按资产的流动性大小排列。通过资产负债表，可以了解企业所掌握的经济资源及其分布情况；了解企业的资本结构；分析、评价、预测企业的短期偿债能力和长期偿债能力；正确评估企业的经营状况。

在"ERP沙盘模拟"课程中，根据课程设计所涉及的业务对资产负债表中的项目进行了适当的简化，形成了如表1-1所示的简易资产负债表。

表 1-1　简易资产负债表

资产负债表

编报单位：百万元

资产	期末数	负债和所有者权益	期末数
流动资产：		负债：	
库存现金	20	长期负债	40
应收款	15	短期负债	
在制品	8	应付账款	

(续表)

资产	期末数	负债和所有者权益	期末数
成品	6	应交税金	1
原料	3		
流动资产合计	52	负债合计	41
固定资产：		所有者权益：	
土地和建筑	40	股东资本	50
机器与设备	13	利润留存	11
在建工程		年度净利	3
固定资产合计	53	所有者权益合计	64
资产总计	105	负债和所有者权益总计	105

在"ERP 沙盘模拟"课程中，我们建立针对笨笨公司的模型企业，用模拟货币作为其价值标记，资产分布情况如图 1-2 所示。

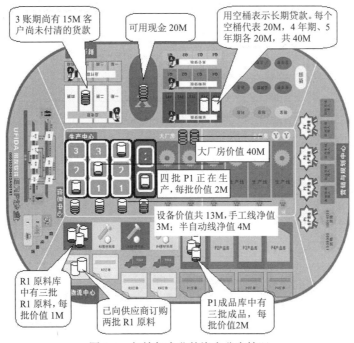

图 1-2 起始年企业的资产分布情况

3. 了解经营情况

企业在一定期间的经营成果表现为企业在该期间所取得的利润，它是企业经济效益的综合体现，由利润表(又称为损益表或收益表)来表述。

利润表是用来反映收入与费用相抵后的企业经营成果的会计报表。利润表的项目主要分为收入和费用两大类。

在"ERP沙盘模拟"课程中，根据课程设计中所涉及的业务对利润表中的项目进行了适当的简化，形成了如表1-2所示的利润表。

表1-2 利润表

利润表		
		编报单位：百万元
项目	本期数	对应利润表的项目
销售收入	35	主营业务收入
直接成本	12	主营业务成本
毛利	23	主营业务利润
综合费用	11	营业费用、管理费用
折旧前利润	12	
折旧	4	利润表中的管理费用、营业费用及主营业务成本已含折旧，这里折旧单独列示
支付利息前利润	8	营业利润
财务收入/支出	4	财务费用
其他收入/支出		营业外收入/支出
税前利润	4	利润总额
所得税	1	所得税
净利润	3	净利润

4．了解企业运营流程

笨笨公司的运营流程如图1-3所示。

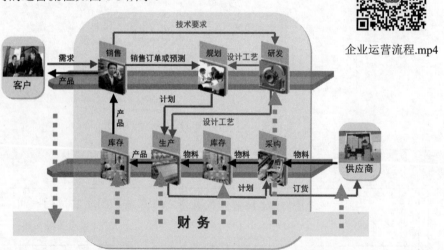

企业运营流程.mp4

图1-3　笨笨公司的运营流程

5. 了解股东期望

从利润表(表 1-2)中可以看出，企业上一年盈利 300 万元，增长已经放缓；生产设备陈旧；产品、市场单一；企业管理层长期以来墨守成规地经营，导致企业已缺乏必要的活力，目前虽尚未衰败，但也近乎停滞不前。鉴于此，公司董事会及全体股东决定将企业交给一批优秀的新人去发展，他们希望新的管理层能够把握时机，抓住机遇，投资开发新产品，使公司的市场地位得到进一步提升；在全球市场广泛开放之际，积极开发本地市场以外的其他新市场，进一步拓展市场领域；扩大生产规模，采用现代化生产手段，努力提高生产效率，带领企业全面进入快速发展阶段。

任务三　企业战略规划

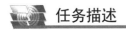 **任务描述**

市场经济条件下，越来越多的企业意识到：企业经营犹如在波涛汹涌的大海中航行，虽然有时风平浪静，但也有惊涛骇浪。我们知道，航船要驶向希冀的彼岸，就离不开罗盘和舵柄。同样地，企业要在瞬息万变的环境里生存和发展，就离不开企业战略。

 **实践步骤**

外部环境与内部条件分析	1. 宏观环境分析。 2. 行业及竞争环境分析。 3. 内部条件分析。
战略目标确定	战略目标要体现时间限制、可计量，具有总领性和现实可行性，要回答：企业在一个较长的时间里要完成什么？
经营方向确定	经营方向为企业活动确定边界。指明企业目前可以提供的产品与服务领域，以及未来一定时期内决定进入或退出的业务领域。
经营策略确定	经营策略规定了企业如何利用自身资源开展业务以实现战略目标，包括市场营销策略、财务管理策略、研究与开发策略等。
实施步骤战略调整	实施步骤规定了战略目标分几个阶段及每个阶段的阶段目标。根据环境变化及阶段实施评估进行战略调整。

知识链接

1. 什么是企业战略

在资源一定的条件下，企业必须选择做什么和不做什么，因此目标一定要明确。企业战略是企业根据其外部环境及企业内部资源和能力状况，为谋求长期生存和稳定发展，为不断获得新的竞争优势，对企业发展目标、达成目标的途径和手段的总体谋划。

战略，就是在企业的各项运营活动之间建立一种配称。

2. 企业战略的内容

一个完整的企业战略应包括以下几方面内容。

(1) 外部环境与内部条件分析。

企业要实现其作为资源转换体的职能，就需要达到外部环境和内部条件的动态平衡。要了解外部环境中哪些会为企业带来机遇，哪些会对企业形成威胁，进而了解企业内部资源条件是否充足、资源配置是否合理，只有全面把握企业的优势和劣势，才能使战略不脱离实际。

SWOT 分析(strengths、weaknesses、opportunities 和 threats)是制定企业战略时可以参照的一种方法。采用这种决策方法的根本目的是把公司和竞争对手公司的优势、劣势、机会和挑战进行比较，然后决定某项新业务或新投资是否可行。公司进行 SWOT 分析有利于在做新业务前充分发挥自己的长处，避开自己的短处，趋利避害，化劣势为优势，化挑战为机遇，即所谓的"知彼知己，百战不殆"，从而降低公司的经营和投资风险。SWOT 分析图如图 1-4 所示。

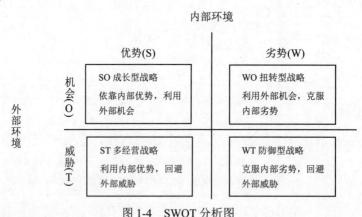

图 1-4 SWOT 分析图

(2) 战略目标。

战略目标就是要回答：企业在一个较长的时间里要完成什么？这个目标要体现时间限制，可计量，具有总领性和现实可行性。

企业战略目标的内容包括盈利能力、生产效率、市场竞争地位、产品结构、财务状况、企业的技术水平、企业的建设与发展、社会责任等。

(3) 经营方向。

经营方向指明了企业现在可以提供的产品与服务领域，以及在未来一定时期内决定进入或退出、决定支持或限制的某些业务领域。它为企业活动确定了界限。

(4) 经营策略。

经营策略规定了企业如何利用其自身资源开展业务活动以求实现战略目标。它应具体地规定企业管理阶层的工作程序和决策规则，研究和规划企业的经营重点，部署资源，明确企业的主要职能领域(如营销、生产、R&D、人力资源、财务等)的工作方针及相互关系的协调方法。

(5) 实施步骤。

实施步骤规定了一个战略目标需要分为几个阶段及每个阶段所要达到的阶段目标。战略目标是一个立足于长远发展的目标，因此不可能一蹴而就，客观上需要循序渐进，同时在战略方案的长期实施过程中，外部环境与内部资源条件不可能一成不变。分阶段实施战略目标，可以帮助企业有机会对其行为效果做出回顾和评价，以期对战略方案做出适当的调整，从而更有效、更现实地追求战略目标。

3. 选择战略

在"ERP沙盘模拟"课程中，企业管理层通过网络、期刊等渠道获得一定时期有关产品、价格、市场发展情况的市场预测资料，结合企业现有资源情况，进行战略选择。下面举几个例子。

(1) 我们想成为什么样的公司？规模如何(大公司或小公司)？生产产品如何(多品种或少品种)？市场开拓如何(许多市场或少量市场)？努力成为市场领导者还是市场追随者？为什么？

(2) 我们倾向于何种产品？何种市场？企业竞争的前提是资源有限，在很多情况下，放弃比不计代价地掠取更明智，因此需要管理者做出决定：有限的资源是投放于重点市场还是重点产品，或者是全面铺开。

(3) 我们计划怎样拓展生产设施？有四种生产设施可供企业选择，每种生产设施的购置价格、生产能力、灵活性等属性各不相同。企业目前生产设施陈旧落后，若想提高生产能力，必须考虑更新设备。图1-5是四种可选生产设备的比较分析。

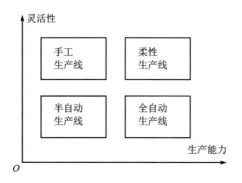

图1-5 四种可选生产设备的比较分析

(4) 企业计划采用怎样的融资策略？资金是企业运营的基础。企业的融资方式是多种多样的：发行股票、发行债券、银行借款、应收账款贴现等。每种融资方式的特点及适用性都有所不同，企业在制定战略时应结合企业的发展规划，做好融资规划，以保证企业的正常运营，并控制资金成本。

4. 战略调整

企业战略不是一成不变的，而是根据企业内外部环境的变化和竞争对手的发展情况不断动态调整的。每一年经营下来，都要检验企业战略的实战性，并且根据以后年度的市场趋势预测，结合公司自身优势和劣势，调整既定战略。

一试身手

1. 测一测你的业务敏感度。

有关企业上一年的几个关键指标你还记得吗？填写在图 1-6 中。

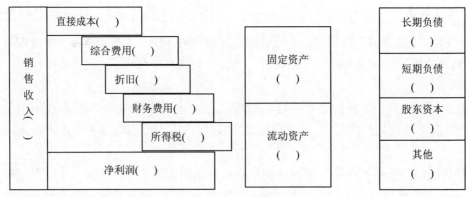

图 1-6　记录企业的关键数据

2. 组建团队。

也许你们来自一个集体，也许你们来自四面八方，聚在一起就是有缘，未来的两天，你们将是同一战壕的战友，试着用表 1-3 记录你们每个人在模拟企业中的角色及基本情况。

表 1-3　记录模拟角色及基本情况

模拟角色	姓名	工作单位	联系方式	个人爱好
总经理				
市场主管				
销售主管				
生产主管				
采购主管				
财务主管				
会计主管				

3. 记录你们的战略。

成功的企业一定有着明确的战略,它是指引企业前进的罗盘,是企业行进的方向标,从你们所记录的战略上可以看出你们是否对战略有足够的认识,是否理解战略的含义。

(1) 你们想成为什么样的公司?

(2) 你们倾向于何种市场?何种产品?请填写在表 1-4 中。

表 1-4　市场产品意向表

产品	本地	区域	国内	亚洲	国际
P1	我们的位置				
P2					
P3					
P4					

(3) 你们计划怎样拓展生产设施?

(4) 你们计划采用怎样的融资策略?

4. 解释图 1-3 中物流、资金流、信息流的流动过程。

5. 你目前在哪个岗位？写出你认为的较重要的五项岗位职责。

项目二
领 会 规 则

 实训目标

> 了解规则的含义。
> 理解规则的重要性。
> 领会开展岗位工作要遵守的规则。
> 学会在规则允许的范围内制定策略,开展工作。

 任务描述

　　企业是社会经济的基本单位,企业的发展受自身条件和外部环境的制约。企业的生存与企业间的竞争不仅要遵守国家的各项法规及行政管理规定,还要遵守行业内的各种约定。在开始企业模拟竞争之前,管理层必须了解并熟悉这些规则,这样才能做到合法经营,才能在竞争中求生存、求发展。

实践步骤

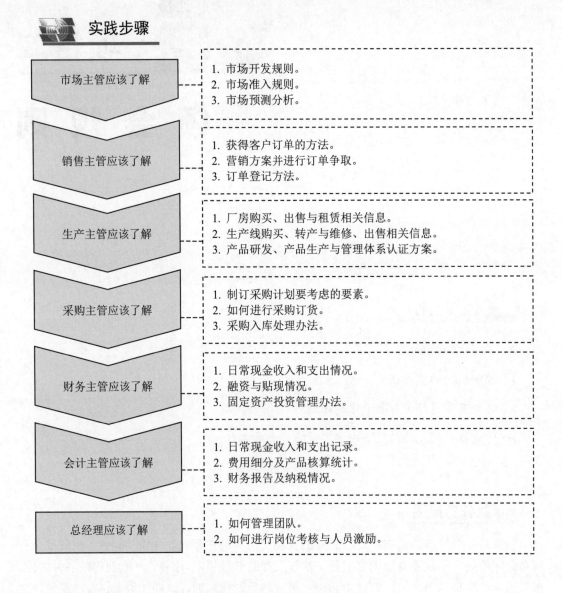

任务一 市场主管需要领会的规则

市场是企业进行产品营销的场所，标志着企业的销售潜力。企业的生存和发展离不开市场这个大环境。谁赢得市场，谁就赢得了竞争。市场是瞬息万变的，变化增加了竞争的对抗性和复杂性。目前企业仅拥有本地市场，除本地市场外，还有区域市场、国内市场、亚洲市场、国际市场有待开发。

1. 市场开发

在进入某个市场之前，企业一般需要进行市场调研、办公选址、人员招聘、公共关系维护、市场活动策划等一系列工作。而这些工作均需要消耗资源——资金及时间。由于各个市场地理位置及地理区划不同，开发不同市场所需的时间和资金投入也不同，在市场开发完成之前，企业没有进入该市场销售的权利。

开发不同市场所需的时间和资金投入如表 2-1 所示。

表 2-1 开发不同市场所需的时间和资金投入

市场	开发费用	开发时间	说明
区域	1 M	1 年	• 各市场开发可同时进行
国内	2 M	2 年	• 资金短缺时可随时中断或终止投入
亚洲	3 M	3 年	• 开发费用按开发时间平均支付，不允许加速投资
国际	4 M	4 年	• 市场开发完成后，领取相应的市场准入证

2. 市场准入

当某个市场开发完成后，该企业就取得了在该市场上进行经营的资格(取得相应的市场准入证)，此后就可以在该市场上进行广告宣传并争取客户订单了。

3. 市场预测

在"ERP 沙盘模拟"课程中，市场预测是各企业能够得到的关于产品市场需求预测的唯一可以参考的有价值的信息，对市场预测的分析与企业的营销方案策划息息相关。在市场预测中要包括近几年关于产品、行业、市场的预测资料，包括各市场、各产品的总需求量、价格情况、客户关于技术及产品的质量要求等。市场预测对所有企业而言都是公开透明的，且市场预测数据是准确的。

图 2-1 是第 1～6 年本地市场 P 系列产品预测资料，包括左边的柱形图和右边的折线图。柱形图中的横坐标代表年，纵坐标上标注的数字代表产品数量，各产品下方柱形的高度代表该产品某年的市场预测需求总量。折线图标注了第 1～6 年 P 系列产品的价格趋向，横坐标代表年，纵坐标代表价格。

在市场预测中，除了可以用直观的图形进行描述外，还可以用文字形式加以说明，其中尤其需要注意客户关于技术及产品的质量要求等细节。

市场主管也会通过实地调查或其他途径了解同行业竞争对手的情况。对竞争对手进行分析有利于企业合理利用资源，开展竞争与合作。

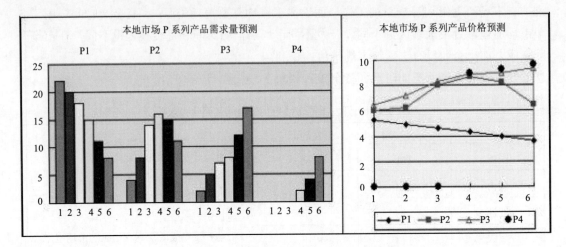

图 2-1 第 1~6 年本地市场 P 系列产品预测资料

任务二 销售主管需要领会的规则

市场预测和客户订单是企业制订生产计划的依据。从笨笨公司的运营流程可以看出，它是以销定产、以产定购的生产类型。客户订单的获得对企业的影响是至关重要的，那么如何才能拿到订单呢？

1. 参加客户订货会

每年年初举办客户订货会，各企业派销售主管参加。订货会分市场召开，依次为本地市场、区域市场、国内市场、亚洲市场和国际市场。每个市场又是按照产品 P1、P2、P3、P4 的顺序逐一进行的。

(1) 营销方案与订单争取。

为了让客户了解企业，了解企业的产品和服务，企业会投入大量的资金和人力用于品牌和产品宣传，以争取到尽可能多的客户订货。为此，要进行营销方案策划、广告展览、公共关系维护、客户访问等一系列活动。在"ERP 沙盘模拟"课程中，企业在营销环节所做的种种努力体现在"广告费"项目上，并以价值为具体表现载体。

广告是分市场、分产品投放的，投入 1M 有一次选取订单的机会，以后每多投 2M 增加一次选单机会。例如，投入 7M 表示准备拿 4 张订单，但是否能有 4 次拿单的机会则取决于市场需求、竞争态势等；投入 2M 表示准备拿 1 张订单，但可比投入 1M 的优先拿到订单。

在"竞单表"中，按市场、产品登记广告费用。"竞单表"如表 2-2 所示，这是第三年 A 组广告投放情况。

表 2-2　竞单表

第三年	A 组(本地)					第三年	A 组(区域)					第三年	A 组(国内)				
产品	广告	单额	数量	9K	14K	产品	广告	单额	数量	9K	14K	产品	广告	单额	数量	9K	14K
P1	1					P1						P1					
P2						P2	2					P2	3				
P3						P3						P3					
P4						P4						P4					

> **要点提示**
>
> - 竞单表中设有 9K(代表"ISO 9000"，下同)和 14K(代表"ISO 14000"，下同)两栏。这两栏中的投入不是认证费用，而是取得认证之后的宣传费用，该投入对整个市场的所有产品有效。
> - 如果希望获得标有"ISO 9000"或"ISO 14000"的订单，则必须在相应的栏目中投入 1M 广告费。

在一年一度的销售会议上，将综合企业的市场地位、广告投入、市场需求及企业间的竞争态势等因素，按规定程序领取订单。客户订单是按照市场划分的，选单次序如下。

首先，由上一年该市场的市场领导者(即市场老大)最先选择订单。

其次，按每个市场单一产品广告投入量，由其他企业依次选择订单；如果单一产品广告投放相同，则比较该市场两者的广告总投入；如果该市场两者的广告总投入也相同，则根据上一年市场地位决定选单次序；若上一年两者的市场地位相同，则采用非公开招标方式，即双方提出具有竞争力的竞单条件，由客户选择。

> **要点提示**
>
> - 市场地位是针对每个市场而言的。企业的市场地位根据上一年度各企业的销售额排列，销售额最高的企业称为该市场的"市场领导者"，俗称"市场老大"。
> - 无论投入多少广告费，每次只能选择一张订单，然后等待下一次的选单机会。
> - 每年只有年初召开客户订货会，也就是每年只有一次拿订单的机会。

(2) 客户订单。

市场需求用客户订单卡片的形式表示，如图 2-2 所示。卡片上标注了市场、产品、产品数量、单价、订单价值总额、账期、特殊要求等要素。

如果没有特别说明，普通订单可以在当年内任一季度交货。如果产能不够或其他情况导致本年不能交货，企业为此应受到以下处罚。

> - 因不守信用，市场地位下降一级。
> - 下一年该订单必须最先交货。
> - 交货时扣除该张订单总额的 25%(向上取整)作为违约金。

```
第六年          亚洲市场        IP4-3/3
产品数量：  3 P4
产品单价：  12 M/个
总 金 额：  36 M
应收账期：  4 Q
ISO 9000                       加急！！！
```

图 2-2　客户订单卡片

卡片上标注有"加急！！！"字样的订单，必须在第一季度交货，延期罚款处置同上所述。因此，营销总监接单时要考虑企业的产能。当然，如果其他企业乐于合作，不排除委外加工的可能性。

> **要点提示**
>
> ➤ 如果上一年市场老大没有按期交货，市场地位下降，则本年该市场没有老大。
> ➤ 订单上的账期代表客户收货时货款的交付方式。若为 0 账期，则现金付款；若为 3 账期，代表客户付给企业的是 3 个季度到期的应收账款。
> ➤ 如果订单上标注了"ISO 9000"或"ISO 14000"，那么要求生产单位必须取得了相应认证并投放了认证的广告费，才能得到这张订单。
> ➤ 可以委外生产，不可以买卖订单。

(3) 选单要点。

每张订单因总金额、单价、账期、特殊条件不同而存在差异。因此选单时要充分考虑企业所处的市场环境、企业自身的需求、竞争与合作等多种因素，选取对自己有利的订单。当企业资金紧张时，可优先选择账期短、回款快的订单；当外部需求旺盛即供小于求时，可选择单价高的订单，以保证企业有更高的盈利；当供大于求时，优先选择总额更大的订单，以满足生产需要。

2. 登记订单登记表

客户订货会结束后，销售主管需要将客户订单信息登记在订单登记表中，按订单详细记录市场、产品、数量、账期等基本信息，做出按期交付安排，这也为今后的销售分析提供了基础数据。实际交货时，再补充登记成本、交货日期、毛利等。

3. 登记组间交易明细表

企业产能不够的情况下可能出现委外生产或向其他企业购买产品的情况，这时要填写组间交易明细表，详细记录每一笔买卖的交易时间、交易方、产品类型、数量、产生的收入及实际发生的成本。

4. 进行销售统计

当年企业运营结束后，根据订单登记表和组间交易明细表进行销售统计，填写销售统计表，按产品品种统计数据。

任务三　生产主管需要领会的规则

1. 厂房购买、出售与租赁

企业目前拥有自主厂房——大厂房，价值40M，另有小厂房可供选择使用。有关各厂房购买、租赁、出售的相关信息如表2-3所示。

表2-3　厂房购买、租赁与出售的相关信息

厂房	买价	租金	售价	容量
大厂房	40M	5M/年	40M	6条生产线
小厂房	30M	3M/年	30M	4条生产线

要点提示

- 厂房可随时按购买价值出售，得到的是4个账期的应收账款。
- 厂房不计提折旧。
- 如果当年卖掉厂房，则当年需要支付厂房租金。

2. 生产线购买、转产与维修、出售

企业目前有三条手工生产线和一条半自动生产线，另外可供选择的生产线还有全自动生产线和柔性生产线。不同类型生产线的主要区别在于生产效率和灵活性不同。生产效率是指单位时间生产产品的数量；灵活性是指转产生产新产品时设备调整的难易性。有关生产线购买、转产与维修、出售的相关信息如表2-4所示。

表2-4　生产线购买、转产与维修、出售的相关信息

生产线类型	购买价格	安装周期	生产周期	转产周期	转产费用	维修费	残值	计提折旧年限
手工生产线	5M	无	3Q	无	无	1M/年	1M	4
半自动生产线	8M	2Q	2Q	1Q	1M	1M/年	2M	4
全自动生产线	16M	4Q	1Q	2Q	4M	1M/年	4M	4
柔性生产线	24M	4Q	1Q	无	无	1M/年	6M	4

> **要点提示**
> - 所有生产线可以生产所有产品。
> - 生产线计提折旧完成后仍可以继续使用。

(1) 投资新生产线。

投资新生产线时按照安装周期平均支付投资，全部投资到位后的下一周期可以领取产品标识，开始生产。当资金短缺时，可以随时中断投资。

(2) 生产线转产。

生产线转产是指生产线转而生产其他产品，例如，半自动生产线原来生产 P1 产品，现在转而生产 P2 产品。转产 P2 产品，需要改装生产线，因此需要停工一个周期，并支付 1M 改装费用。

(3) 生产线维修。

当年在建(未生产)的设备不用支付维护费，如果设备已建成并已投入使用则需要缴纳维修费；当年已售出的生产线不用支付维修费。

(4) 计提折旧。

固定资产在长期使用过程中，实物形态保持不变，但由于使用、磨损及陈旧等，会发生各种有形和无形的损耗；固定资产的服务能力随着时间的推移逐步消逝，其价值也随之发生损耗。企业应采取合理的方法，将其损耗分摊到各经营期，记作每期的费用，并与当期营业收入相配比。

> 固定资产的成本随着逐期分摊，转移到它所生产的产品中，这个过程称为计提折旧。

生产线建成的当年不计提折旧，从下一年起开始计提，折旧方法采用平均年限法。计算公式如下。

$$每年折旧额=(原值-残值)\div 使用年限$$

折旧额的计算结果可能出现小数，本着平均年限法的精髓——均衡计提折旧的原则，将四种类型生产线在可使用年限内每年应计提的折旧列示于表 2-5 中。

表 2-5 折旧表

生产线类型	原值	残值	建成当年	第二年	第三年	第四年	第五年
手工生产线	5M	1M	0M	1M	1M	1M	1M
半自动生产线	8M	2M	0M	2M	2M	1M	1M
全自动生产线	16M	4M	0M	3M	3M	3M	3M
柔性生产线	24M	6M	0M	5M	5M	4M	4M

> **要点提示**
> - 计提折旧至残值，就不再计提，待设备出售时按残值出售。
> - 当年建成的生产线不计提折旧。
> - 当年未使用、不需要的固定资产，照样计提折旧。
> - 生产线一旦建成，不得在厂房间随意搬迁。

(5) 生产线出售。

出售生产线时，如果生产线净值<残值，则将生产线净值直接转到现金库中；如果生产线净值>残值，则从生产线净值中取出等同于残值的部分放置于现金库，将差额部分计入综合费用的其他项。

3. 产品研发

企业目前可以生产并销售 P1 产品。根据预测，另有技术含量依次递增的 P2、P3、P4 三种产品有待开发。

不同技术含量的产品，需要投入的研发时间和研发费用是有区别的，如表 2-6 所示。

表 2-6　产品研发需要投入的时间及研发费用

产品	P2	P3	P4	备注说明
研发时间	5Q	5Q	5Q	● 各产品可同步研发；按研发周期平均支付研发投资；资金不足时可随时中断或终止；全部投资完成的下一周期方可开始生产
研发投资	5M	10M	15M	● 某产品研发投入完成后，可领取产品生产资格证

4. 产品生产

产品研发完成后，可以接单生产。生产不同的产品需要用到的原料不同，P 系列产品的 BOM 结构如图 2-3 所示。

产品生产.mp4

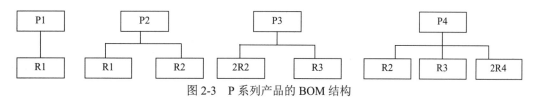

图 2-3　P 系列产品的 BOM 结构

> BOM(bill of material) 即物料清单。它是产品结构文件，不仅要罗列出某一产品的所有构成项目，同时也要指出这些项目之间的结构关系，即从原材料到零件、组件，直到最终产品的层次隶属关系。每个制造企业都有物料清单，在化工、制药和食品行业可能称为配方、公式或包装说明，但指的都是同样的事情，即如何利用各种物料来生产产品。

每条生产线同时只能有一个产品在线。产品上线时需要支付加工费，不同生产线的技术装备水平不同，需要支付的加工费也不同，如表 2-7 所示。

表 2-7　不同生产线加工不同产品需要支付的加工费

产品	手工生产线	半自动生产线	全自动生产线	柔性生产线
P1	1M	1M	1M	1M
P2	2M	1M	1M	1M
P3	3M	2M	1M	1M
P4	3M	2M	1M	1M

任务四　采购主管需要领会的规则

采购的基本原则：适时、适量、适价地采购到生产所需的原料。适时与生产计划和采购提前期相关；适量与生产计划和产品结构相关；适价是要注意控制采购成本。

原料采购涉及两个环节，签订采购合同和按合同收料。签订采购合同时要注意采购提前期。R1、R2 原料需要一个季度的采购提前期；R3、R4 原料需要两个季度的采购提前期。货物到达企业时，必须照单全收，并按规定支付原料费或计入应付账款。

原料供应商严格按照企业下达的采购订单供货。

任务五　财务主管需要领会的规则

1. 现金收入和支出

企业各项业务活动涉及现金收支的，要由业务部门按程序办理申请手续，符合规范的收入和支出由财务主管进行现金实际交割处理。

2. 融资贷款与贴现

资金是企业的"血液"，是企业所有活动的支撑。在"ERP 沙盘模拟"课程中，企业尚未上市，因此其融资渠道只能是银行借款、高利贷和应收账款贴现。下面将几种融资方式的对比情况列于表 2-8 中。

融资.mp4

表 2-8　各种融资方式及财务费用

融资方式	规定贷款时间	最高限额	贷款利息	还款约定
长期贷款	每年年末	上年所有者权益×2－已贷长期贷款	10%	年底付息，到期还本
短期贷款	每季度初	上年所有者权益×2－已贷短期贷款	5%	到期一次还本付息
高利贷	任何时间	与银行协商	20%	到期一次还本付息
应收贴现	任何时间	根据应收账款额度按 1:6 比例	1/7	贴现时付息

> **要点提示**
>
> ➢ 无论长期贷款、短期贷款还是高利贷均以 20M 为基本贷款单位。长期贷款最长期限为 5 年，短期借款及高利贷期限为 1 年。
>
> ➢ 应收账款贴现随时可以进行，金额必须是 7 的倍数，不考虑应收账款的账期，每 7M 的应收款缴纳 1M 的贴现费用，其余 6M 作为现金放入现金库。

3. 固定资产投资管理

企业的固定资产主要包括厂房和设备。关于厂房购买、租赁与出售，以及生产线购买、转产与维修、出售的相关信息参见表 2-3 和表 2-4。

任务六　会计主管需要领会的规则

企业各项经营活动最终都会反映在财务数字上，会计不仅要提供对外财务报告，还要细化核算，为企业决策提供更为详细的管理信息。

1. 现金收支登记

企业每一项经营活动所涉及的现金收支都要在企业经营记录表中做好记录。现金收入记"＋"，也可省略；现金支出记"－"。

2. 费用明细

利润表上只反映"综合费用"一个项目，实际上综合费用由多项细化的费用构成，包括广告费、管理费、维修费、转产费、租金、市场开拓、ISO 资格认证、产品研发、其他费用等，对费用进行细分有助于了解企业的成本构成，为寻求降低成本的空间提供依据。

其他费用中主要反映生产线变卖产生的损失(生产线现值-残值部分)等。

3. 报表及纳税

每年年末，应对企业本年的财务状况及经营成果进行核算统计，按时上报"综合费用明细表""销售统计表""资产负债表"和"利润表"。

如果企业经营盈利，则需要按国家规定上缴税金。每年所得税计入应付税金，在下一年年初缴纳。所得税按照弥补以前年度亏损后的余额为基数计算。

当上年权益≤66时，税金=(上年权益＋本年税前利润-66)×25% (取整)；当上年权益>66时，税金=本年税前利润×25%(取整)。

> 要点提示

66为教学年末的所有者权益。

任务七 总经理需要领会的规则

一个管理团队内部如果意见相左、观点对立、互相推诿，必然导致企业效率低下。总经理要领导其管理团队，树立共同的愿景和目标，做出所有企业级的重要决策。

1. 目标制定与达成

总经理要负责带领团队成员确定经营目标，并努力达成。

2. 企业各职能岗位考核标准

为了奖优罚劣，必须明确每个岗位的考核要求，最好细化和量化。表 2-9 是可参考的企业各职能岗位考核标准。

表 2-9 企业各职能岗位考核标准

岗位	考评项目	考评标准	建议考核依据	第一年	第二年	第三年	第四年	第五年	第六年
营销主管	运行记录	台账正确、及时、完整	台账记录						
	市场分析与销售预测	分析报告、及时	销售计划与执行的吻合度						
	广告投放	广告投放合理	广告投入产出比						
	按时交货给客户	按时交货	订单是否违约						
	应收款管理	及时催收应收款	应收款回收及时						
生产主管	运行记录	台账正确、及时、完整	台账记录						
	生产计划制订与执行	开工计划及执行,保证供货	开工计划表						
	产能计算	及时提供正确的产能数据	因产能计算造成违约订单						
	产品研发与设备投资	投资时机把握,投资过程管理	与产品研发适配,建设延期						
	生产成本控制	正确核算生产成本	成本计算正确						
采购主管	运行记录	台账正确、及时、完整	台账记录						
	采购计划制订	制订与生产计划适配的采购计划	采购计划						
	采购计划执行管理	及时下订单,收料付款	采购运行记录						
	保证物料供应	保证生产所需物料供应	由于计划失误的紧急采购						
	原料库存管理	每季度零库存	原料计划是否有库存						
财务主管	运行记录	台账正确、及时、完整	台账记录						
	现金预算与计划执行	制订与业务匹配的资金计划,不出现资金缺口	现金预算表						
	财务报告	及时、正确	报表超时、错误						
	融资管理	融资方式合理、低成本	是否以最低成本获得可用资金						
	费用折旧管理	正确计算并支付各项费用	正确支付各项费用						
总经理	运行记录	台账正确、及时、完整	台账记录						
	目标制定与达成	经营目标制定及业绩达成相一致	年终业绩与经营目标偏差率						
	流程控制	保证企业经营流程顺畅	流程混乱,在规定时间内是否完成企业运营						
	管理授权与考评	授权合理、分配合理	各司其职,员工满意度						
	能力建设与团队管理	注重人员能力提升,团队协作高效	各岗位到岗率、企业文化						

3. ISO 认证

随着中国加入 WTO，客户的质量意识及环境意识越来越强，经过一定时间的市场孕育，最终会反映在客户订单中。企业进行 ISO 认证一般由企业管理部牵头组织，各部门积极配合。ISO 认证需要投入的时间及认证费用，如表 2-10 所示。

表 2-10 ISO 认证需要投入的时间及认证费用

ISO 认证体系	ISO 9000 质量认证	ISO 14000 环境认证	备注说明
持续时间	2 年	3 年	• 两项认证可以同时进行 • 资金短缺的情况下，可以随时中断投资 • 认证完成后可以领取相应 ISO 资格证
认证费用	2M	3M	

知识链接

1. ISO 9000

ISO 9000 族标准是国际标准化组织(ISO)颁布的在全世界范围内通用的关于质量管理和质量保证方面的标准，它不是指一个标准，而是一族标准的统称。该标准使质量管理的方法实现了程序化、标准化和科学化。实施 ISO 9000 质量管理体系标准的意义如下。

- ➢ 提高企业管理水平和工作效率，降低质量成本。
- ➢ 提高企业的综合形象及产品的可信度，以此争市场、保市场、争名牌。
- ➢ 消除对外合作中的非关税壁垒，使企业顺利进入国际市场。

2. ISO 14000

ISO 14000 环境管理系列标准是国际标准化组织(ISO)组织编制的环境管理体系标准，其标准号从 14001 到 14100，共 100 个，这些标准号统称为 ISO 14000 系列标准。ISO 14000 环境管理系列标准顺应了国际环境保护的发展，融合了世界上许多发达国家在环境管理方面的经验，依据国际经济与贸易发展的需要而制定，是一套完整的、操作性很强的体系标准。它的基本思想是预防和减少环境影响，持续改进环境管理工作，消除国际贸易中的技术壁垒。对于企业而言其作用体现在以下几个方面。

- ➢ 企业实施 ISO 14000 标准是占领国内外市场的需要。
- ➢ 是节约能源、降低消耗、减少环保支出、降低成本的需要。
- ➢ 政府的环境政策给企业带来压力。
- ➢ 是企业走向良性和长期发展的需要。
- ➢ 是企业履行社会责任的需要。

一试身手

想知道自己是否掌握了应知应会的规则吗？做好准备，智勇闯关吧！

1. 市场主管。

(1) 从图 2-1 中你获取了哪些信息？

(2) 作为市场主管，你准备如何进行竞争对手分析？

2. 销售主管。

(1) 参加订货会时，选单次序是如何规定的？

(2) 模拟竞单。

假定有如图 2-4 所示的一张客户订单，而你和另外一个选单者地位相同，在规则允许的情况下，你准备如何修改订单条件以便更具有竞争力？

第四年	亚洲市场	IP2-2/3
产品数量：	3 P2	
产品单价：	6.7M/个	
总 金 额：	20 M	
应收账期：	2 Q	

图 2-4　模拟客户订单

条件一：_____

条件二：_____

条件三：_____

3. 生产主管。

(1) 计算。

如果采用平均年限法计提折旧，四种生产线在可使用期间内折旧如表 2-5 所示，试计算四种生产线在不同年限出售时的设备价值，并填写在表 2-11 中。

表 2-11 折旧计算表

可使用年限	手工生产线	半自动生产线	全自动生产线	柔性生产线
1				
2				
3				
4				
5				

(2) 按各种生产线的特点在图 2-5 中标注四种设备。

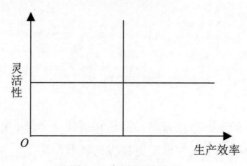

图 2-5 标注四种设备

(3) 在什么情况下本年不用缴纳设备维修费？

4. 采购主管。

(1) 请在图 2-6 中准确标注 P1、P2、P3、P4 四种产品的产品结构。

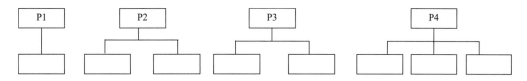

图 2-6　P 系列产品的产品结构

(2) 如果本年第二季度需要上线 2 个 P3，1 个 P4；第三季度需要上线 1 个 P2，1 个 P4；在不考虑库存的情况下，制订出采购计划并填写在表 2-12 中。

表 2-12　模拟采购计划

时间	上年第三季度	上年第四季度	本年第一季度	本年第二季度	本年第三季度
R1					
R2					
R3					
R4					

5．财务主管。

(1) 假设目前资金缺口 10M，目前企业有 2 账期应收账款 15M；3 账期应收账款 11M；如果只考虑用应收账款贴现方式弥补资金缺口，你准备如何贴现？

(2) 对设备进行投资时需要考虑的主要因素有哪些？

6. 会计主管。

(1) 课程中简化的资产负债表和利润表与会计制度中规范的报表有何区别？

(2) 已知教学年末所有者权益为66M，计算以下情况下企业需缴纳的税款。
假定：
企业第一年税前利润为 - 8M，那么第一年需纳税 _____ M；
企业第二年税前利润为3M，那么第二年需纳税 _____ M；
企业第三年税前利润为10M，那么第三年需纳税 _____ M。

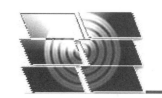

项目三
学习经营

实训目标

> 熟悉企业经营活动的主要内容。
> 理解本岗位需要完成的工作任务。
> 掌握在规则限定下如何完成本岗位工作。
> 学习与他人协同工作。
> 学会用科学的方法记录企业运营过程中的各项流程活动的发生过程。

任务描述

新的管理层接手企业,需要有一个适应阶段,在这个阶段,需要与原有管理层交接工作,熟悉企业的内部运营流程。因此,在"ERP沙盘模拟"课程中,设计了起始年。

企业选定接班人之后,原有管理层总要"扶上马,送一程"。因此在起始年里,新的管理层仍受制于原有管理层,企业的决策由原有管理层定夺,新的管理层只能执行。这样做的目的是促进新的管理层团队磨合,进一步熟悉规则,明确各自的工作任务,熟悉企业的运营流程。

运营流程及
业务记录.mp4

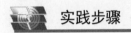 实践步骤

企业经营记录表(1)

企业运营流程 请按顺序执行下列各项操作		每执行完一项工作,总经理在相应的方格内打钩; 会计主管在方格中填写现金收支具体金额数字				
年初	新年度规划会议					
	参加订货会/支付广告费/登记销售订单					
	制订新年度计划					
	支付应付税					
1	季初现金盘点(请填余额)					
2	更新短期贷款/还本付息/申请短期贷款(高利贷)					
3	更新应付款/归还应付款					
4	原材料入库/更新原料订单					
5	下原料订单					
6	更新生产/完工入库					
7	投资新生产线/变卖生产线/生产线转产					
8	向其他企业购买原材料/出售原材料					
9	开始下一批生产					
10	更新应收款/应收款收现					
11	出售厂房					
12	向其他企业购买成品/出售成品					
13	按订单交货					
14	产品研发投资					
15	支付行政管理费					
16	其他现金收支情况登记					
17	现金收入合计					
18	现金支出合计					
19	期末现金对账(请填余额)					
年末	支付利息/更新长期贷款/申请长期贷款					
	支付设备维护费					
	支付租金/购买厂房					
	计提折旧					( )
	新市场开拓/ISO 资格认证投资					
	结账					

企业经营记录表(2)

操作顺序	生产主管、采购主管、销售主管使用本表记录所管理的对象的变化情况，如采购主管管理原材料库存，可在任务清单中的括号内填入"原材料"字样，在管理对象中填入 R1、R2、R3、R4。原料出库时，在相应的单元格内，填入出库的数量(通常用"-"表示)；入库时，填入入库的数量(通常用"+"表示)。 注：执行步骤按照任务清单的顺序号进行。									
	任务清单	管理对象(P/R)								
		第一季度		第二季度		第三季度		第四季度		
1	季初( )盘点数量									
2	更新短期贷款/还本付息/ 申请短期贷款									
3	更新应付款/归还应付款									
4	原材料入库/更新原料订单									
5	下原料订单									
6	更新生产/完工入库									
7	新生产线投资/变卖/转产									
8	向其他企业购买/ 出售原材料									
9	开始下一批生产									
10	更新应收款/应收款收现									
11	出售厂房									
12	向其他企业购买/出售成品									
13	按订单交货									
14	产品研发投资									
15	支付行政管理费									
16	其他现金收支情况登记									
17	本季( )入库合计									
18	本季( )出库合计									
19	季末( )库存数量									

企业的实际运营过程是相当复杂的，在"ERP 沙盘模拟"课程中，我们用"企业运营流程"简化了企业的实际运营过程。企业运营流程中反映了两个内容：一是企业经营过程中必须做的各项工作；二是开展各项工作时需要遵循的先后顺序。可以说，企业运营流程是我们进行企业经营活动的指南。

企业运营流程中，按照时间顺序分为年初的 4 项工作、按季度执行的 19 项工作和年末的 6 项工作。执行企业运营流程时由总经理主持，团队成员各司其职，每执行完一项任务，总经理在方格内打钩表示任务完成。

现金是企业的"血液"。伴随着企业各项活动的进行，会发生现金的流动。为了清晰记录现金的流入和流出，我们在企业运营流程中设置了现金收支明细登记。当总经理带领大家执行一项任务时，如果涉及现金收付，财务主管负责现金收付，会计主管要相应地在方格内登记现金收支情况，做到钱账分管。

> 要点提示

> ➢ 执行企业运营流程时，必须按照自上而下、自左向右的顺序严格执行。
> ➢ 每个角色都要关注自己需要负责的工作，以及与其他部门的工作关系，最好对自己负责的几项工作标注特殊标记。

任务一　认知年初 4 项工作

1. 新年度规划会议

新的一年开始之际，企业管理团队要制定(调整)企业战略，做出经营规划、设备投资规划、营销策划方案等。具体来讲，需要进行销售预算和可承诺量的计算。

常言道："凡事预则立，不预则废。"预算是企业经营决策和长期投资决策目标的一种数量表现，即通过有关的数据将企业全部经济活动的各项目标具体且系统地反映出来。销售预算是编制预算的关键和起点，主要是对本年度要达成的销售目标进行预测，销售预算的内容是销售数量、单价和销售收入等。

新年度规划会议.mp4

可承诺量的计算：参加订货会之前，需要计算企业的可接单量。企业可接单量主要取决于现有库存和生产能力，因此产能计算的准确性直接影响销售交付。

> 营销策划方案确定之后，销售主管将广告费填写在本书附录"A-5 竞单表"中。

2. 参加订货会/支付广告费/登记销售订单

(1) 参加订货会。各企业派销售主管参加订货会，按照市场地位、广告投放、竞争态势、市场需求等条件分配客户订单。

参加订货会.mp4

> 要点提示

争取客户订单时,应以企业的产能、设备投资计划等为依据,避免接单不足而设备闲置,或者盲目接单而无法按时交货,致使企业信誉降低。

(2) 支付广告费。财务主管将广告费放置在沙盘上的"广告费"位置;会计主管记录支出的广告费。

(3) 登记销售订单。客户订单相当于与企业签订的订货合同,需要进行登记管理。销售主管领取订单后,负责将订单登记在"订单登记表"中,记录每张订单的订单号、所属市场、所订产品、产品数量、账期、销售额等,如表3-1所示。

表3-1 订单登记表

订单号							合计
市场							
产品							
数量							
账期							
销售额							
成本							
毛利							
交货日期							
罚款							

（成本、毛利、交货日期：交货时填写）

> 要点提示

成本项目在交货时才能确定,因此成本、毛利、交货日期在交货时填写。

3. 制订新年度计划

在明确今年的销售任务后,需要以销售为龙头,结合企业对未来的预期,编制生产计划、采购计划、设备投资计划并进行相应的资金预算。将企业的供产销活动有机地结合起来,使企业各部门的工作形成一个有机的整体。

制订新年度计划.mp4

4. 支付应付税

依法纳税是每个企业及公民的义务。请财务主管按照上一年度利润表的"所得税"一项的数值取出相应的现金放置于沙盘上的"税金"处,会计主管做好现金收支记录。

任务二 认知每季度19项工作

1. 季初现金盘点(请填余额)

财务主管盘点当前现金库中的现金,会计主管在企业经营记录表(1)中记录现金余额。其他主管各自盘点所管理的实物,并将数量记录在企业经营记录表(2)中。

2. 更新短期贷款/还本付息/申请短期贷款

(1) 更新短期贷款。如果企业有短期贷款,请财务主管将空桶向现金库方向移动一格,当移至现金库时,表示短期贷款到期,需要还本付息。

(2) 还本付息。短期贷款的还款规则是利随本清。当短期贷款到期时,每桶需要支付 $20M \times 5\% = 1M$ 的利息,因此,本金与利息共计21M。财务总监从现金库中取现金,其中20M还给银行,1M放置于沙盘上的"利息"处,会计主管做好现金收支记录。

(3) 申请短期贷款。短期贷款只有在这一时点上可以申请,财务主管到银行办理贷款手续。可以申请的最高额度为"上一年所有者权益×2-已贷短期贷款"。将贷款拿到的现金放置于现金库,同时在短期贷款四期位置放置空桶,每个空桶代表20M。

> **要点提示**
>
> 企业随时可以向银行申请高利贷,高利贷贷款额度视企业当时的具体情况而定。如果贷了高利贷,可以用倒置的空桶表示,并与短期借款同样管理。

3. 更新应付款/归还应付款

财务主管将应付款向现金库方向推进一格。当到达现金库时,从现金库中取现金付清应付款,会计主管做好现金收支记录。

4. 原材料入库/更新原料订单

当供应商发出的订货运抵企业时,企业必须无条件地接受货物并支付原料款。采购主管将原料订单区中的空桶向原料库方向推进一格,当到达原料库时,向财务主管申请原料款,支付给供应商,换取相应的原料,并在企业经营记录表中登记入库的原料数量。如果用现金支付,会计主管则要做好现金收支记录。如果启用应付账款,则在沙盘上做相应标记。

5. 下原料订单

采购主管根据年初制订的采购计划,决定采购的原料的品种及数量,每个空桶代表一批原料,将相应数量的空桶放置于对应品种的原料订单处。

6. 更新生产/完工入库

由生产主管将各生产线上的在制品向上推进一格。产品下线表示产品完工,将产品放置于相应的产成品库,在企业经营记录表中登记入库的产品数量。

7. 投资新生产线/变卖生产线/生产线转产

(1) 投资新生产线。投资新设备时，生产主管向指导老师领取新生产线标识，翻转放置于某厂房相应位置，其上放置与该生产线安装周期相同的空桶数，每个季度向财务主管申请建设资金，额度=设备总购买价值÷安装周期，会计主管做好现金收支记录。在全部投资完成后的下一季度，将生产线标识翻转过来，领取产品标识，即可开始投入使用。生产线上投放的现金应被放置于生产线净值处。

生产设施.mp4

(2) 变卖生产线。当生产线上的在制品完工后，可以决定是否变卖生产线，生产线按残值出售，财务主管直接将生产线残值放入现金库，将生产线净值-残值的部分放置于费用区"其他"。会计主管做好现金收支记录。

(3) 生产线转产。生产线转产是指某生产线转而生产其他产品。不同生产线类型转产所需的调整时间及资金投入是不同的。如果需要转产且该生产线需要一定的转产周期及转产费用，请生产主管翻转生产线标识，按季度向财务主管申请并支付转产费用；停工满足转产周期要求并支付全部的转产费用后，再次翻转生产线标识，领取新的产品标识，即可开始新的生产。会计主管做好现金收支记录。

> **要点提示**
>
> ➢ 生产线一旦建设完成，不得在各厂房间随意移动。
> ➢ 空置的生产线才能变卖。

8. 向其他企业购买原材料/出售原材料

当新产品上线时，原料库中必须备有足够的原料，否则需要停工待料。这时采购主管可以考虑向其他企业购买。如果按原料的原值购入，购买方视同"原材料入库"处理，出售方的采购主管从原料库中取出原料，向购买方收取同值现金，放入现金库并做好现金收支记录。如果高于原料价值购入，购买方将差额部分计入生产成本，出售方将差额计入利润表中的其他收入，会计主管做好现金收支记录。双方采购主管登记出入库的材料数量。

例如，A 组向 B 组以 2M 购买 1 个 R1 原料，如果使用该 R1 生产的 P1 于当年出售，则 A 组该 P1 的成本为 3M。B 组在利润表的其他收入中记 1M。

9. 开始下一批生产

当更新生产/完工入库后，某些生产线的在制品已经完工，可以考虑开始生产新产品。生产主管按照产品结构从原料库中取出原料，向财务主管申请产品加工费，并将上线产品放到离原料库最近的生产周期，在企业经营记录表中登记在制的产品数量。采购主管登记出库的原料数量。

10. 更新应收款/应收款收现

财务主管将应收款向现金库方向推进一格，到达现金库时即成为现金，会计主管做好现金收支记录。

> **要点提示**
>
> 在资金出现缺口且不具备银行贷款的情况下，可以考虑应收款贴现。应收款贴现随时可以进行，财务主管按 7 的倍数取应收账款，其中 1/7 作为贴现费用放置于沙盘上的"贴息"处，6/7 放入现金库，会计主管做好现金收支记录。应收账款贴现时不考虑账期因素。

11. 出售厂房

资金不足时可以出售厂房，厂房按购买价值出售，但得到的是 4 个账期的应收账款。

12. 向其他企业购买成品/出售成品

如果产能计算有误，有可能本年度不能交付客户订单，这样不仅信誉尽失，而且要接受订单总额 25% 的罚款。发生组间交易时，购买方将买价直接计入成本，出售方将卖价计入销售收入，按实际成本计入成本。财务主管做好现金收支记录。双方的销售主管登记出入库的产品数量。

为了清晰起见，企业之间发生成品购销交易时，双方需登记"组间交易明细表"。"组间交易明细表"如表 3-2 所示。

表 3-2 组间交易明细表

第×年		买入			卖出			
交易方	交易季度	产品	数量	金额	产品	数量	金额	成本

例如，A 组本年拿到 6 个 P1、32M 的客户订单，自己生产了 5 个 P1，第三季度 F 组买入 1 个 P1，价格 5M，且该 P1 于当年交货。A 组在组间交易明细中计入交易方"F 组"、交易季度"3"、产品"P1"、数量"1"、金额"5"。交货时在订单登记表中补充登记成本"15"（自己生产 5 个，标准成本 2M，购买 1 个，成本 5M）、毛利"17"，也就是购买 P1 的 5M 计入成本。

F 组在组间交易明细表中计入交易方"A 组"、交易季度"3"、产品"P1"、数量"1"、金额"5"、成本"2"。年末编制利润表时，该交易中的 5M 需要计入销售收入，2M 需要计入直接成本。

13. 按订单交货

销售主管检查各成品库中的成品数量是否满足客户订单要求，满足则按照客户订单交付约定数量的产品给客户，并在订单登记表中登记该批产品的收入、成本、交货日期。客户按订单收货，并按订单上列明的条件支付货款，若为现金(0 账期)付款，财务主管直接将现金放置于现金库，会计主管做好现金收支记录；若为应收账款，销售主管将现金放置于应收账款相应账期处，并在企业经营记录表中登记出库的产品数量。

> **要点提示**
>
> 必须按订单整单交货。

14. 产品研发投资

研发主管按照年初制订的产品研发计划，向财务主管申请研发资金，并将其放置于相应产品生产资格位置。会计主管做好现金收支记录。

> **要点提示**
>
> 产品研发投资完成，领取相应产品的生产资格证。

15. 支付行政管理费

管理费用是企业为了维持运营发放的管理人员工资、必要的差旅费、招待费等。财务主管取出 1M 摆放在"管理费"处，会计主管做好现金收支记录。

16. 其他现金收支情况登记

除以上引起现金流动的项目外，还有一些没有对应位置的项目，如应收账款贴现、高利贷利息、未交订单罚款等，可以直接记录在该项中。

17. 现金收入合计

会计主管统计本季度现金收入总额。其他业务主管登记本季度入库的原料/产品/在制品的数量。

18. 现金支出合计

会计主管统计本季度现金支出总额。第四季度的统计数字中包括第四季度本身的和年底发生的。其他业务主管登记本季度出库的原料/产品/在制品的数量。

19. 期末现金对账(请填余额)

财务主管盘点现金余额，会计主管做好登记。其他业务主管盘点所管理的要素的数量并登记。

以上 19 项工作每个季度都要执行。

任务三 认知年末6项工作

1. 支付利息/更新长期贷款/申请长期贷款

(1) 支付利息。长期贷款的还款规则是每年付息,到期还本。如果当年未到期,每桶需要支付 20M×10%=2M 的利息,财务主管从现金库中取出长期借款利息放置于沙盘上的"利息"处,会计主管做好现金收支记录。当长期贷款到期时,财务主管从现金库中取出现金归还本金及当年的利息,会计主管做好现金收支记录。

(2) 更新长期贷款。如果企业有长期贷款,请财务主管将空桶向现金库方向移动一格;当移至现金库时,表示长期贷款到期。

(3) 申请长期贷款。长期贷款只有在年末可以申请,可以申请的额度为"上年所有者权益×2-已有长期贷款"。财务主管将申请到的现金放置于现金库,并在长期贷款相应年度处放置空桶做贷款标识。会计主管做好现金收支记录。

2. 支付设备维修费

在用的每条生产线需支付 1M 的维护费,生产主管向财务主管提出设备维修申请,财务主管取相应现金放置于沙盘上的"维修费"处,会计主管做好现金收支记录。

3. 支付租金/购买厂房

大厂房为自主厂房,如果年内任何季度出售,此处需要支付 5M 租金。

如果本年在小厂房中安装了生产线,此时要决定该厂房是购买还是租赁。如果购买,财务主管取出与厂房价值相等的现金放置于沙盘上的"厂房价值"处;如果租赁,财务主管取出与厂房租金相等的现金放置于沙盘上的"租金"处。无论购买还是租赁,会计主管都应做好现金收支记录。

4. 计提折旧

厂房不计提折旧,设备按平均年限法计提折旧,在建工程及当年新建设备不计提折旧。财务主管从生产线净值中取折旧费放置于沙盘上的"折旧"处。当生产线净值=残值时,不再计提。

> **要点提示**
>
> 计提折旧时只可能涉及生产线净值和其他费用两个项目,与现金流无关,因此在企业运营流程中标注了( )以示区别,计算现金收/支合计时不应考虑该项目。

5. 新市场开拓/ISO 资格认证投资

(1) 新市场开拓。市场主管向财务主管申请市场开拓费,财务主管取出现金放置在要开拓的市场区域,会计主管做好现金支出记录。市场开发完成,从指导教师处领取相应市场准入证。

(2) ISO 资格认证投资。市场主管向财务主管申请 ISO 认证费用，财务主管取出现金放置在要认证的项目上，会计主管做好现金支出记录。认证完成，从指导教师处领取 ISO 资格证。

6. 结账

结账时要上交四张报表：销售统计表、综合费用明细表、利润表和资产负债表。其中销售统计表由销售主管编制；综合费用明细表、利润表和资产负债表由会计主管编制。

结账.mp4

(1) 销售统计表。

销售主管编制销售统计表并提交到财务部。销售统计表如表 3-3 所示。

表 3-3 销售统计表

项目	P1	P2	P3	P4	合计
数量					
销售额					
成本					
毛利					

销售统计表是按照产品品种对本年已出售产品的统计，其数据根据订单登记表和组间交易明细表中的记录汇总填列。

本年某产品销售数量=订单登记表某产品本年已交货订单销售数量＋上年未交本年已交订单销售数量＋组间交易明细表中本年出售的产品数量

其他数据以此类推。

(2) 综合费用明细表。

综合费用明细表用于记录企业日常运营过程中发生的各项费用，如表 3-4 所示。

表 3-4 综合费用明细表

项目	金额	备注
管理费		
广告费		
维修费		
租金		
转产费		
市场开拓		□区域 □国内 □亚洲 □国际
ISO 资格认证		□ISO 9000 □ISO 14000
产品研发		P2( ) P3( ) P4( )
其他		
合计		

综合费用明细表中，管理费、广告费、维修费、租金、转产费、其他根据费用区各项目中摆放的数额直接填写。市场开拓、ISO 资格认证、产品研发根据营销与规划中心生产资格、ISO 资格、市场开发处摆放的数额直接填写。

对于市场开拓、ISO 资格认证和产品研发，不仅要记录本年投入的总金额，还要在备注栏中注明明细。

(3) 利润表。

年末，要编制反映企业本年经营成果的利润表。利润表中各项目的计算如表 3-5 所示。

表 3-5 利润表

利润表		
		编报单位：百万元
项目	行次	数据来源
销售收入	1	销售统计表中的销售额合计
直接成本	2	销售统计表中的成本合计
毛利	3	第 1 行数据−第 2 行数据
综合费用	4	综合费用明细表中的合计数
折旧前利润	5	第 3 行数据−第 4 行数据
折旧	6	记录盘面"折旧"处摆放的金额
支付利息前利润	7	第 5 行数据−第 6 行数据
财务收入/支出	8	盘面费用区利息、贴息等金额合计
其他收入/支出	9	其他收入包括出租厂房的收入、收到额外奖励、高价卖出原材料的差额 其他支出包括订单延期交货缴纳的罚款
税前利润	10	第 7 行数据＋财务收入＋其他收入−财务支出−其他支出
所得税	11	第 10 行数据除以 4 取整
净利润	12	第 10 行数据 − 第 11 行数据

(4) 资产负债表。

年末，要编制反映企业财务状况的资产负债表。资产负债表中各项目的计算如表 3-6 所示。

表 3-6 资产负债表

资产负债表			
			编报单位：百万元
资产	数据来源	负债和所有者权益	数据来源
流动资产：		负债：	
现金	盘点现金库中的现金	长期负债	长期负债
应收账款	盘点应收账款	短期负债	盘点短期借款
在制品	盘点生产线上的在制品	应付账款	盘点应付账款
成品	盘点成品库中的成品	应交税金	根据利润表中的所得税填列
原料	盘点原料库中的原料		
流动资产合计	以上五项之和	负债合计	以上五项之和
固定资产：		所有者权益：	
土地和建筑	厂房价值之和	股东资本	股东不增资的情况下为50M
机器与设备	设备价值	利润留存	上年利润留存＋上年利润
在建工程	在建设备价值	年度净利	利润表中的净利润
固定资产合计	以上三项之和	所有者权益合计	以上三项之和
资产总计	流动资产合计＋固定资产合计	负债和所有者权益总计	负债合计＋所有者权益合计

报表审验合格后，指导教师将会取走沙盘上企业已支出的各项费用，为明年经营做好准备。

要点提示

起始年关键操作指点。

> **起始年说明**
> 1. 不进行任何贷款
> 2. 不投资新的生产线
> 3. 不进行产品研发
> 4. 不购买新厂房
> 5. 不开拓新市场
> 6. 不进行ISO认证
> 7. 每季度订购一批R1原料
> 8. 生产持续进行

一试身手

1. 请各位主管思考,在企业运营过程中,你们需要完成哪些任务?如何完成?如何与他人协作?

2. 将附录 A 中的"企业运营记录表"改造成适合你现在的岗位角色的记录表。

3. 现有规则是否有违背常理之处?你是否有补充规则?若有,请列明本次课程修订了哪些规则,以做备案。

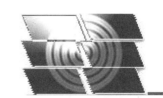

项目四

感 悟 管 理

实训目标

> 团队合作完成六年的模拟经营,获得企业运营管理的宝贵经验。
> 认真履行岗位职责,理解岗位要求。
> 学会利用专业知识和管理工具做好各项管理工作。
> 学会与团队成员协同工作,为企业创造价值。
> 及时总结经验和教训,分享每一年的成长。

任务描述

现在,新的管理层已经接过了继续推动企业向前发展的重任。作为新的管理层,你们将对公司的发展负责任。通过模拟企业六年的经营,你们将在分析市场、制定战略、营销策划、生产组织、财务管理等一系列活动中,参悟科学的管理规律,全面提升管理能力。

实践步骤

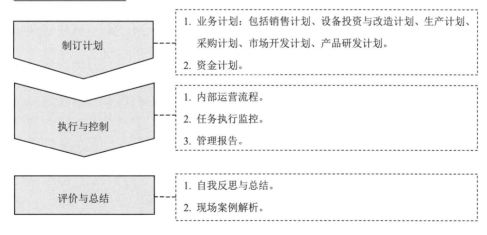

1. 制订计划

计划是执行各项工作的依据。每年年初，总经理都要带领管理团队，在企业战略的指导下，制订销售计划、设备投资与改造计划、生产计划、采购计划、资金计划、市场开发计划及产品研发计划等。

(1) 销售计划。

简明的销售计划至少应说明：企业将生产什么产品？生产多少？通过什么渠道销售？计划在哪些市场销售？各产品线、地区比例如何？是否开展促销活动？正确制订销售计划的前提是收集必要信息，如产品市场信息、企业自身的产能、竞争对手的情况等，并做出相关分析。

一个好的销售计划一定是符合销售组织自身特点、适用于本组织发展现状的计划。脱离实际情况的、过于宏观的销售计划会对实际的销售活动失去指导意义。一个好的销售计划同时也是一个全员参与的计划，是一个被组织及客户认可的计划。

(2) 设备投资与改造计划。

设备投资与改造是提高产能，保障企业持续发展的策略之一。企业进行设备投资时需要考虑以下因素。

➢ 市场上对各种产品的需求状况。
➢ 企业目前的产能。
➢ 新产品的研发进程。
➢ 设备投资分析。
➢ 新设备用于生产何种产品，所需资金来源，设备安装地点。
➢ 设备上线的具体时间及所需物料储备。

(3) 生产计划。

企业主要有五个计划层次，即经营规划、销售与运作规划、主生产计划、物料需求计划和能力需求计划。这五个层次的计划实现了由宏观到微观、由粗到细的深化过程。主生产计划是宏观向微观的过渡性计划，是沟通企业前方(市场、销售等需方)和后方(制造、供应等供方)的重要环节。物料需求计划是主生产计划的具体化。能力需求计划是对物料需求计划做能力上的平衡和验证。从数据处理逻辑上讲，主生产计划与其他计划层次之间的关系如图 4-1 所示。

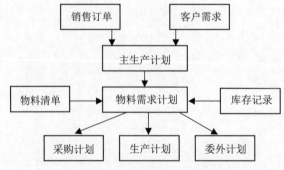

图 4-1 主生产计划与其他计划层次之间的关系

主生产计划要回答 A：生产什么？生产多少？何时生产？
物料清单回答 B：用什么来生产？
库存记录回答 C：我们已经有什么？
物料需求计划回答 D：还应得到什么？
它们共同构成了制造业的基本方程：A×B－C=D。

(4) 采购计划。

采购计划要回答三个问题：采购什么？采购多少？何时采购？

① 采购什么。从图 4-1 中不难看出，采购计划的制订与物料需求计划直接相关，并直接上溯到主生产计划。根据主生产计划，减去产品库存，并按照产品的 BOM 结构展开，就能清楚地知道为满足生产所需还要准备哪些物料，哪些可以自制，哪些必须委外，哪些需要采购。

② 采购多少。明确了采购什么，还要计算采购多少，这与物料库存和采购批量有直接联系。

③ 何时采购。要达到"既不出现物料短缺，又不出现库存积压"的管理境界，就要考虑采购提前期、采购政策等相关因素。

(5) 资金计划。

成本费用的支付需要资金、各项投资需要资金、到期还债需要资金，如果没有一个准确详尽的资金预测，很快就会焦头烂额、顾此失彼。因此，每年年初做现金预测是非常必要的，它可以使管理者运筹帷幄、游刃有余。

为了帮助大家制订计划，附录中提供了相关的辅助计划工具，包括企业经营记录表、生产计划及采购计划编制、开工计划、采购及材料付款计划，还有用于财务综合评价的杜邦模型。

2. 执行与控制

制订完计划之后，企业的日常运营将在总经理的领导下，按照企业运营流程所指示的程序进行。企业应该对各年每个季度的企业运营要点进行记录，以便于核查、分析。

(1) 企业运营流程。

企业运营流程中包括了各模拟企业进行日常运营时必须执行的工作任务及必须遵守的工作流程。企业运营由总经理主持，按照企业运营流程中所列的工作内容及先后顺序开展工作，每执行完一项操作，总经理在相应的方格内打钩确认，以示完成；如果涉及现金收支业务，财务主管负责现金收支，会计主管负责在相应方格内填写现金收支情况。

(2) 订单登记表。

订单登记表用于记录本年取得的客户订单。年初销售主管参加订货会，争取到客户订单，随后进行订单登记，填写订单登记表中的订单号、市场、产品、数量、账期等项目。按订单交货时，填写成本、交货日期项目，计算毛利项目。年末，如果有未按时交货的，在"罚款"栏目中标注罚款金额。

(3) 组间交易明细表。

很多时候，存在企业之间购销成品的情况，它会影响企业当年的销售收入和销售成本，认真做好记录有助于对企业经营过程进行深入分析。

3. 评价与总结

(1) 自我反思与总结。

每一年结束，管理团队都要对企业经营结果进行分析，深刻反思成在哪里？败在哪里？竞争对手情况如何？是否需要对企业战略进行调整？学习者就是在犯错误中认识错误，在不断的失败中获得成功的经验的。

(2) 现场案例解析。

讲师要结合课堂及当年具体情况，找出大家普遍感到困惑的问题，对现场出现的典型案例进行深层剖析，用数据说话，让受训者感悟管理知识与管理实践的真实差距。这也是课程的精华所在。

将每年经营遇到的问题和通过案例解析获得的感悟记录在表 4-1 中，这将是一部生动的个人成长史。

表 4-1 个人成长史

年份	企业经营遇到哪些问题	本人获得的进步及不足之处	学到哪些知识和感悟
第一年			
第二年			
第三年			
第四年			
第五年			
第六年			

知识链接

1. 企业经营的本质

经营是指企业以市场为对象，以商品生产和商品交换为手段，为了实现企业的目标，使企业的投资、生产、销售等经济活动与企业的外部环境保持动态平衡的一系列有组织的活动。

企业经营与发展.mp4

1) 企业生存

企业生存的底线是不能破产。那什么情况下企业会破产呢？大家最容易联想到的一个词是"资不抵债"，是不是这样呢？不一定哦。

资不抵债是指企业的全部资产不足以抵偿企业的债务。资不抵债只是导致企业破产的重要原因，但并不是资不抵债的企业就一定会破产，关键是看债权人是否向法院提起诉讼。一般来讲，只要企业经营状况稳定，能产生利润和现金流，债权人并不一定提起诉讼，因为企业一旦破产债权人很难得到完全清偿，而企业持续经营反而可能扭亏为盈，最终使得债权得到完全清偿。

根据《中华人民共和国企业破产法》的规定，债务人不能清偿到期债务，债权人可以向人民法院提出对债务人进行重整或破产清算的申请。因此，比起资不抵债，现金断流更能直接导致企业破产。

2) 企业盈利

企业是一个以盈利为目的的经济组织，企业经营的本质是股东权益最大化，即盈利。而从利润表中的利润构成中不难看出盈利的主要途径有两个：一是扩大销售(开源)；二是控制成本(节流)。

(1) 扩大销售。

利润主要来自于销售收入，而销售收入由销售数量和产品单价两个因素决定。提高销售数量有以下方式。

① 扩张现有市场，开拓新市场。

② 研发新产品。

③ 扩建或改造生产设施，提高产能。

④ 合理加大广告投放力度，进行品牌宣传。

产品单价受很多因素制约，但企业可以选择单价较高的产品进行生产。

(2) 控制成本。

产品成本分为直接成本和间接成本。控制成本主要有以下两种方法。

① 降低直接成本。直接成本主要包括构成产品的原料费和人工费(即加工费)。

在"ERP沙盘模拟"课程中，原料费由产品的BOM结构决定，在不考虑替代材料的情况下没有降低的空间。但如果采购计划不周密造成供应商不能及时供货而必须高价向同行采购，则会抬高原料成本，因此制订周密的采购计划是控制原料费的关键。

用不同生产线生产同一产品的加工费是不同的，例如，用手工生产线生产P2、用半自动线生产P3均需要支付2M的加工费，因此如何配置及合理安排生产设施是控制加工费的关键。

② 降低间接成本。从节约成本的角度，我们不妨把间接成本分为投资性支出和费用性支出两类。投资性支出包括购买厂房、投资新的生产线等，这些投资是为了扩大企业的生产能力而必须发生的；费用性支出包括营销广告、贷款利息等，通过有效筹划是可以节约一部分成本的。

2. 企业战略

1) 什么是企业战略

迈克尔·波特从三个层次对战略进行了定义：第一个层次，战略就是创造一种独特、有利的定位，涉及各种不同的运营活动；第二个层次，战略就是在竞争中做出取舍，其实质就是选择不做哪些事情；第三个层次，战略就是在企业的各项运营活动之间建立一种配称。

2) 企业战略分为几个层次

企业战略分为三个层次，即公司战略、业务战略和职能战略。

公司战略又称为总体战略，是企业最高层次的战略，主要关注两个问题：第一，公司经营什么业务；第二，公司总部应如何管理多个业务单位来创造企业价值。

业务战略又称为经营战略，主要关注企业经营的各个业务如何获取竞争优势。

职能战略通常是短期的、局部的，因而称为"策略"可能更为准确，主要包括市场营销策略、财务管理策略、人力资源开发与管理策略、研究与开发策略、生产制造策略等。

3) 什么是企业战略管理

企业战略管理是指企业战略的分析与制定、评价与选择以及实施与控制。它是一个能够使企业达到其战略目标的动态管理过程。企业战略管理如图4-2所示。

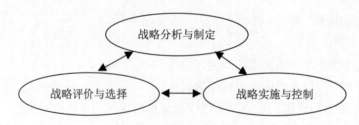

图 4-2　企业战略管理图

4) 如何进行企业环境分析

企业环境分析包括企业宏观环境分析、企业行业及竞争环境分析、企业内部条件分析。

企业宏观环境分析主要包括六个方面：政治环境、法律环境、经济环境、科技环境、社会环境和文化环境。

企业行业及竞争环境分析包括行业的主要经济特性分析、行业吸引力分析、行业变革的驱动因素分析、行业竞争的结构分析、行业竞争对手选择与分析、行业市场集中度与行业市场细分分析。

企业内部条件分析应关注以下几个方面：企业目前的战略运行效果分析；企业面临的资源强势和弱势分析；企业价值链分析；企业核心能力分析；企业产品竞争力及市场营销状况分析；企业经济效益状况分析；企业面临的战略问题分析。

5) 如何进行企业目前的战略运行效果分析

(1) 财务方面。
- 企业销售额的增长率是否高于整个市场的增长率？
- 利润率是在上升还是在下降？与竞争对手相比如何？
- 净利润率、投资回报率、经济附加值(EVA)的变化趋势，以及与行业内其他企业的比较。
- 公司是否正在完成其既定的财务目标？
- 公司的业绩是否处于行业平均水平以上？

(2) 顾客满意方面。
- 企业市场占有率是提高了？降低了？还是稳定不变？
- 新市场及新客户的开拓效果如何？
- 重点市场销售收入占总销售收入的比重如何？
- 老客户的保持及增长率如何？客户流失率如何？
- 客户满意度如何？公司在顾客中的形象和声誉如何？

(3) 在企业内部流程方面。
- 供应商的规模与数量如何？
- 供应商提供的原材料零配件的质量、数量、交货期等情况如何？
- 新产品销售收入占总销售收入的比重是多少？
- 研发费用占销售收入的比重是多少？
- 企业生产管理状况如何？产品质量如何？产品生产成本降低状况如何？
- 企业劳动生产率提高状况如何？
- 企业市场营销状况如何？
- 企业市场营销组织及费用状况如何？
- 企业组织状况如何？
- 企业人力资源的开发与管理状况如何？
- 企业文化建设状况如何？

(4) 员工学习与成长。
- 员工工作满意度如何？
- 员工年流失率如何？
- 企业内各级干部和员工的培训计划及培训效果如何？
- 企业培训费用占销售收入的比例与行业平均比例的比较。

6) **企业一般竞争战略**

企业一般竞争战略包括成本领先战略、产品差异化战略及集中化战略。

(1) **成本领先战略。**

成本领先战略的要点在于力求将生产和营销成本降到最低，通过低成本来获取行业领导地位，吸引市场上众多对价格敏感的购买者。这类企业要么以较低的售价扩大市场份额，要么以和竞争对手相同的价格出售产品来增加利润。

(2) 产品差异化战略。

产品差异化战略是设法使自己的产品或服务有别于其他企业，在行业中树立起差异化的经营特色，从而在竞争中获取有利地位。

获取产品差异化的途径有产品质量、产品可靠性、产品创新、产品品牌、产品服务。

(3) 集中化战略。

集中化战略是指企业将经营范围集中于行业内某一有限的细分市场，使企业有限的资源得以充分发挥效力，在某个局部市场的实力超过其他竞争对手，赢得竞争优势。

7) 公司的发展战略

公司的发展战略有三大类，每一类又含有三种形式，如表4-2所示。

表4-2 企业发展战略

密集型战略	一体化战略	多元化战略
市场渗透 市场开发 产品开发	后向一体化 前向一体化 水平一体化	横向多元化 纵向多元化 同心多元化 混合多元化

(1) 密集型战略。

密集型战略就是企业在原有生产范围内充分利用产品和市场方面的潜力来求得成长发展，主要方法有市场渗透、市场开发和产品开发。

市场渗透是指将企业生产的老产品在老市场上进一步渗透，扩大销量。市场开发是指用老产品去开发新市场；而产品开发是指用改进老产品或开发新产品的方法增加企业在老市场上的销售额。

(2) 一体化战略。

一体化战略是指通过资产纽带或契约方式，企业与其业务的输入端或输出端的企业联合，或与相同的企业联合，形成一个统一的经济组织，从而达到降低交易费用及其他成本、提高经济效益的战略。

一体化战略又分为后向一体化战略、前向一体化战略和水平一体化战略。

后向一体化是沿着与企业当前业务的输入端有关的活动向上延伸，如制造企业通过控制或合并原材料、零部件供应企业实现产供一体化。前向一体化是沿着与企业当前业务的输出端有关的活动向下延伸，如制造企业通过向前控制分销系统(如批发商、零售商)实现产销结合。水平一体化即开展与企业当前业务相竞争或相补充的活动，如一家大零售商合并若干小零售店开办连锁商店。

(3) 多元化战略。

多元化战略是指一个企业同时在两个以上的行业从事生产经营活动，或者同时生产或提供两种以上基本经济用途不同的产品和服务的战略。如果公司所在行业的发展潜力有限，而其他领域存在着很好的发展机会；或者公司所在领域虽有潜力可挖，但公司还有足够的资源进入新领域，而本行业之外又确实不乏发展的机会时，企业可选择多元化发展战略。

8) 什么是企业战略计划

企业战略计划是将企业视为一个整体，为实现企业战略目标而制订的长期计划。企业战略计划的工作方式一般有以下四种。

> 自上而下的方法。
> 自下而上的方法。
> 上下结合的方法。
> 设立特别小组的方法。

企业战略计划的工作步骤如下。

(1) 确定各事业部战略目标，制定各事业部的战略方案。
(2) 确定各职能部门的任务及策略。
(3) 进行资源分配及资金预算。

9) 目标管理

目标管理是这样一种程序或过程：企业的上级与下级一起商定企业的共同目标，并由此决定上下级的责任和分目标，并把这些目标作为经营、评估和奖励每个单位和个人贡献的标准。目标管理的步骤如下。

(1) 建立目标体系。将总目标分解为企业各内部单位的具体目标，形成目标体系。各项目标必须具体化、定量化，各目标间应相互协调，既要有"挑战性"，又要有"现实性"。
(2) 企业内各级之间在制定各级的各项目标时要经过充分的磋商，并取得一致意见。简单地将下级目标汇总不是目标管理，而是放弃领导；将预定的目标视为不可改变的，强迫下级接受也不是目标管理。
(3) 在目标确定的基础上，上级应授予下级实现目标所必需的各种权力。
(4) 定期检查，发现与目标相偏离时，上级应进行指导和帮助。
(5) 要及时反馈目标的达成情况，进行考核，并和奖惩制度挂钩。

10) 什么是平衡计分卡

平衡计分卡以平衡为目的，寻求企业短期目标与长期目标之间、财务度量绩效与非财务度量绩效之间、落后指标与先进指标之间、企业内部成长与企业外部满足顾客需求之间的平衡状态，是全面衡量企业战略管理绩效、进行战略控制的重要工具和方法。

平衡计分卡包括四个方面：财务、顾客、企业内部流程、员工的学习与成长。

平衡计分卡提供的将战略转化为企业绩效管理的框架如图4-3所示。

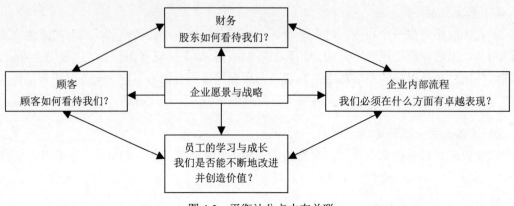

图 4-3　平衡计分卡内在关联

3. 市场营销

1) 什么是市场营销

市场营销是从卖方的立场出发，以买主为对象，在不断变化的市场环境中，以顾客需求为中心，通过交易程序，提供和引导商品或服务到达顾客手中，满足顾客需求与利益，从而获取利润的企业综合活动。

2) 市场营销的基本职能

(1) 与市场紧密联系，收集有关市场营销的各种信息、资料，开展市场营销研究，分析营销环境、竞争对手、顾客需求、购买行为等，为市场营销决策提供依据。

(2) 根据企业的经营目标和企业内外环境分析，结合企业的有利和不利因素，确定企业的市场营销目标和营销方针。

(3) 制定市场营销策略。

- 细分市场，选择目标市场。
- 制定产品策略。
- 制定价格策略。
- 制定销售渠道策略。
- 制定沟通策略。
- 组织售前、售中、售后服务，方便顾客。
- 制定并综合运用市场营销组合策略及市场竞争策略。
- 制定市场发展战略。

(4) 市场营销计划的编制、执行和控制。

(5) 销售事务与管理。建立与调整营销组织，制定销售及一般交易的程序和手续，销售合同管理，营销人员的培训、激励与分配等管理。

3) 营销战略规划的基本程序

- 企业内外部环境分析。

> 市场细分、目标市场选择与市场定位。
> 确定营销目标。
> 确定市场营销策略组合。
> 实施和控制市场营销活动。

4) 波士顿法

波士顿法使用"销售增长率—市场占有率"区域图，对企业的各个业务单位进行分类和评估，如图4-4所示。

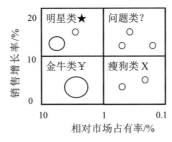

图4-4 波士顿矩阵

图中纵向表示销售增长率，即产品销售额的年增长速度，以10%(也可以设为其他分界值)为分界线分为高低两部分；横向表示业务单位的市场占有率与最大竞争对手市场占有率之比，称为相对市场占有率，以1为分界线分为高低两部分。销售增长率反映产品的成长机会和发展前途；相对市场占有率则表明企业的竞争实力大小。区域中的圆圈代表企业的各业务单位，圆圈的位置表示该业务单位销售增长率和相对市场占有率的现状，圆圈的面积表示该业务单位的销售额大小。

图中的四个象限分别代表以下四类不同的业务单位。

(1) "问题"类。

"问题"类业务单位代表销售增长率高、相对市场占有率低的单位。大多数业务单位最初都处于这一象限，这类业务单位需要较多的投入，以赶上最大竞争对手并适应迅速增长的市场需求，但是它们大都前途未卜，难以确定前景。企业必须慎重考虑是对它们继续增加投入，还是维持现状，或者淘汰。

(2) "明星"类。

"问题"类业务单位如果经营成功，就会成为"明星"类业务单位。该业务单位的销售增长率和相对市场占有率都较高，因其销售增长迅速，企业必须大量投入资源以支持其快速发展。"明星"类业务单位需要有大量的现金投入，是企业业务中的"现金使用者"。待其销售增长率下降时，这类业务就从"现金使用者"变为"现金提供者"，即变为"金牛"类业务单位。

(3) "金牛"类。

"金牛"类业务单位代表销售增长率低、相对市场占有率高的单位。由于销售增长率放缓，不再需要大量资源投入；又由于相对市场占有率较高，这些业务单位可以产生较高的收益，支援其他业务的生存和发展。"金牛"业务是企业的财源，这类业务单位越多，企业的实力越强。

(4) "瘦狗"类。

"瘦狗"类业务单位代表销售增长率和相对市场占有率都较低的业务单位。它们或许能提供一些收益，但往往盈利甚少甚至亏损，因而不应再追加资源投入。

在对各业务单位进行分析之后，企业应着手制订业务组合计划，确定对各个业务单位的投资策略。可供选择的战略有以下四种。

(1) 发展战略。

发展战略就是提高业务的市场占有率，必要时可放弃短期目标。该战略适用于"问题"类业务，通过发展有潜力的"问题"类业务，可使之尽快转化为"明星"类业务。

(2) 保持战略。

保持战略的目标是保持业务的市场占有率，适用于"金牛"类业务，该类业务单位大多处于成熟期，采取有效的营销策略延长其盈利是完全可能的。

(3) 缩减战略。

缩减战略的目标是尽可能地在有关业务上获取短期收益，而不过多地考虑长期效果。该战略适用于"金牛"类业务，也适用于"问题"和"瘦狗"类业务。

(4) 放弃战略。

放弃战略通过变卖或处理某些业务单位，把有限的资源用于其他效益较高的业务上。该战略主要适用于"瘦狗"类业务或无发展前途、消耗盈利的"问题"类业务。

5) 市场需求调查和预测

某种产品的市场需求是指在特定的地理区域、时间和营销环境中，特定的顾客愿意购买的产品总量。市场需求调查的内容如下。

➢ 市场需求总量。
➢ 销售量预测。

市场需求总量受以下六个因素的影响。

➢ 产品。
➢ 顾客。
➢ 地理区域。
➢ 时间环境。
➢ 营销环境。
➢ 营销费用。

6) 产品生命周期

产品生命周期是产品从试制成功投入市场开始到最后被淘汰退出市场所经历的全部时间。产品生命周期分为开发期、导入期、成长期、成熟期和衰退期五个阶段，如图 4-5 所示。

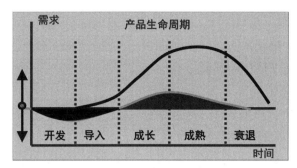

图 4-5 产品生命周期曲线

产品市场生命周期特征如表 4-3 所示。

表 4-3 产品市场生命周期特征

比较项目	导入期	成长期	成熟期	衰退期
销售量	低	剧增	最大	衰退
顾客成本	高	一般	低	低
利润	亏损	利润增长	利润高	利润下降
顾客	创新者	早期接受者	中间多数	落后者
竞争者	很少	增多	数量稳定、开始下降	数量下降
营销目标	创建产品知名度	市场份额达到最大	保护市场份额的同时争取最大利润	减少开支,挤出品牌剩余价值

研究产品生命周期各阶段的特点,以及各阶段的销售情况和获利能力随产品生命周期变化的趋势,有助于企业分析和判断各类产品现在处于什么阶段、未来发展趋势如何,以便采取正确的营销策略。

7) 市场细分与市场定位

(1) 市场细分。

市场细分是指根据整体市场上顾客需求的差异性,以影响顾客需求和渴望的某些因素为依据,将一个整体市场划分为两个或两个以上的消费者群体,每一个需求特点相类似的消费者群就构成一个细分市场。

市场细分是选择目标市场的基础。

(2) 目标市场选择策略。

目标市场的选择一般有以下三种策略。

① 无差异营销策略:企业不进行市场细分,把整个市场作为目标市场。

② 差异性营销策略:企业将整个市场细分后,选择两个或两个以上甚至所有的细分市场作为目标市场。差异性营销策略包括完全差异性营销策略、市场专业化策略、产品专业化策略和选择性专业化策略。

③ 集中性营销策略(又称为产品—市场专业化策略)：企业在对整体市场进行细分后，由于受到资源等条件的限制，决定只选取其中一个细分市场作为企业的目标市场，以某种市场营销组合集中实施于该目标市场。

(3) 市场定位。

市场定位就是使企业产品具有一定的特色，适应目标市场一定的需求和爱好，塑造产品在目标客户心目中的良好形象和合适的位置。市场定位的实质就在于取得目标市场的竞争优势，确定产品在目标顾客心目中的适当位置并留下值得购买的印象，以吸引更多的客户。

8) 什么是市场营销组合

市场营销组合是指企业为了进入某一特定的目标市场，在全面考虑其任务、目标、资源及外部环境的基础上，对企业可以控制的各种营销手段进行选择、搭配、优化组合、综合运用，以满足目标市场的需要，获取最佳经济效益的一种经营理念。

9) 营销计划的内容

➢ 计划概要：对主要营销目标和措施进行概括说明。
➢ 分析当前营销状况。
➢ SWOT 分析。
➢ 拟定营销目标。
➢ 列出主要的营销策略。
➢ 提出行动方案。
➢ 制定预算方案。
➢ 控制：年度计划控制、获利性控制、效率控制、战略控制。

4. 生产管理

1) 什么是生产管理

生产管理是指对一个生产系统的设计、运作、评价和改进的管理，它包含从有形产品和无形产品的研究开发到加工制造、销售、服务、回收、废弃的全寿命过程所做的系统管理。

2) 制造企业最基本的生产经营活动

(1) 制定经营方针和目标。

通过调查研究市场需求、容量、竞争态势，分析企业的经营环境和自身条件，确定计划期企业应生产什么产品、生产多少、什么时候投放市场、以什么价格销售、成本需控制在什么水平等。核心是要确定计划期企业必须实现的利润目标。经营方针和经营目标规定了企业全部生产活动的方向和要求。

(2) 技术活动。

为了适应不断发展的社会需求、保持强大的竞争能力，企业需要不断研制开发新产品，进行产品的更新换代，以及采用新技术、新工艺对企业进行技术改造等。

(3) 供应活动。

供应活动包含原材料采购、能源供应、设备和工具的采购等，以保证供应生产所需的各种生产资源。

(4) 加工制造活动。

把获得的生产资源通过加工制造过程转化为社会所需要的各种工业产品，并要符合计划规定的质量、数量、成本、交货期和环保安全的要求。

(5) 销售活动。

通过广告和各种销售渠道，把生产出来的产品在市场上进行销售，并为用户进行售前和售后服务。

(6) 财务活动。

为供应活动、技术活动、加工制造活动、销售活动筹集所需的资金，对取得的销售收入和利润进行合理的分配，以支持企业扩大再生产、保证企业各部门成员的合法利益。

3) **生产管理的发展历史**

- 泰勒的科学管理法——《工厂管理法》。
- 福特的大量生产方式——标准化、简单化、专门化。
- 通用汽车公司——全面质量管理 TQM。
- 丰田生产方式——JIT 准时化生产。
- 精益生产方式——消除一切浪费。

4) **产品及产品战略**

(1) 产品。

产品是能够提供给市场进行交换，供人们取得、使用或消费，并能够满足人们某种欲望或需要的任何东西。

整体产品包含三个层次：核心产品、形式产品和延伸产品。

(2) 产品战略。

- 成本领先。
- 别具一格。
- 集中一点。

5) **新产品开发**

新产品类型包括全新产品、革新产品、改进新产品、市场重定位产品等。新产品开发过程包括构思形成、构思筛选、概念的形成和测试、市场营销战略的制定、商业分析、产品开发、市场试销、正式上市等步骤。

R&D 战略的主要内容如下。

- 设定战略目标。
- 选择新事业领域。
- 选择 R&D 方式。

> 决定开发规模和投入费用。

6) 什么是生产能力

生产能力是指企业在一定时期内，在合理、正常的技术组织条件下，所能生产的一定种类产品的最大数量。

扩大企业的生产能力，可以采用不同的策略，通常有激进型策略和保守型策略。

激进型策略是指针对增长的需求，企业扩大生产能力的时间略超前于需求到来的时间，每次生产能力扩大的幅度较大。保守型策略采取稳扎稳打的方针，在需求增长以后再扩大企业的生产能力，每次扩大的幅度不大。

7) 设备管理

(1) 设备管理的定义。

设备管理是指依据企业的生产经营目标，通过一系列的技术、经济和组织措施，对设备生命周期内的所有设备物质运动形态和价值运动形态进行的综合管理工作。

(2) 设备寿命周期。

设备寿命周期指的是设备从规划、购置、安装、调试、使用、维护、改造、更新及报废全过程所经历的全部时间。

(3) 设备的寿命周期费用。

设备的寿命周期费用由以下两部分构成。

> 固定费用：包括购置费、安装调试费、人员培训费。
> 运行费用：包括直接或间接劳动费、保养费、维护费、消耗品费用等。

(4) 评价设备的经济性常用的方法。

> 投资回收期法。
> 费用比较法。
> 效益费用比较法。
> 费用效率比较法。

(5) 设备的维护。

设备的维护是指为了保持设备正常的技术状态、延长使用寿命，按标准进行的检查与润滑，间隙的及时调整，以及隐患的消除等一系列的日常工作。

许多企业实行设备三级保养制度：设备的日常保养(日常维护)、一级保养、二级保养。

5. 财务管理

1) 什么是财务管理

财务管理是以资本收益最大为目标，对企业资本进行优化配置和有效利用的一种资本运作活动。财务管理的内容包括以下几个方面。

> 长期投资决策。
> 长期筹资决策。

> 流动资产管理。
> 财务分析。
> 财务预算。

2) 什么是资本

资本是指能够在运动中不断增值的价值，这种价值表现为企业为进行生产经营活动所垫支的货币。

资本具有稀缺性、增值性、控制性。

企业资本来源于两个方面：一是作为债权人所有的债务资本；二是作为所有者所有的权益资本。

3) 什么是财务管理工具

财务管理工具是指财务管理所采用的各种技术和方法的总称。财务管理工具包括财务计划、财务控制和财务分析。财务计划又以财务预测和财务决策为基础。

(1) 财务预测。

财务预测是指利用企业过去的财务活动资料，结合市场变动情况，对企业未来财务活动的发展趋势做出科学的预计和测量，以便把握未来、明确方向。

财务预测一般包括流动资产需要量预测、固定资产需要量预测、成本费用预测、销售收入预测、利润总额与分配预测，以及长短期投资预测等。

(2) 财务决策。

财务决策是指财务人员根据财务目标的总要求，运用专门的方法，从各种备选方案中选择最佳方案的过程。

财务决策一般包括筹资决策、投资决策、股利决策和其他决策。筹资决策主要解决如何以最小的资本成本取得企业所需要的资本，并保持合理的资本结构，包括确定筹资渠道和方式、筹资数量和时间、筹资结构比例关系等；投资决策主要解决投资对象、投资数量、投资时间、投资方式和投资结构的优化选择问题；股利决策主要解决股利的合理分配问题，包括确定股利支付比率、支付时间、支付数额等；其他决策包括企业兼并与收购决策、企业破产与重整决策等。

(3) 财务控制。

财务控制就是依据财务计划目标，按照一定的程序和方式，发现实际偏差并纠正偏差，确保企业及其内部机构和人员全面实现财务计划目标的过程。

财务控制按照控制的时间分为事前控制、事中控制和事后控制；按照控制的依据分为预算控制和制度控制；按照控制的对象分为收支控制和现金控制；按照控制的手段分为绝对数控制和相对数控制。

(4) 财务分析。

财务分析是以企业会计报表信息为主要依据，运用专门的分析方法，对企业财务状况和经营成果进行解释和评价，以便于投资者、债权人、管理者及其他信息使用者做出正确的经济决策。

4) 企业的基本财务活动包括哪些内容

企业的基本财务活动包括筹资、投资及收益分配。

5) 什么是资本金

资本金是指企业在工商行政管理部门登记的注册资金。所有者对企业投入的资本金是企业从事正常经济活动、承担经济责任的物质基础，是企业在经济活动中向债权人提供的基本财务担保。

6) 什么是长期借款

长期借款是企业向银行或非银行金融机构借入的期限超过一年的贷款。长期借款主要用于企业的固定资产购置和满足长期流动资金占用的需要。长期借款按用途不同分为固定资产投资贷款、更新改造贷款、科技开发和新产品试制贷款等。

7) 什么是资本成本

资本成本是指企业为取得和长期占用资产而付出的代价，它包括资本的取得成本和占用成本。

资本的取得成本是指企业在筹措资金过程中所发生的各种费用。资金的占用成本是指企业因占用资本而向资本提供者支付的代价，如长期借款利息、长期债券利息、优先股股息、普通股的红利等。

8) 什么是营运资本

营运资本指投入流动资产的那部分成本。流动资产包括现金和有价证券、应收账款和存货，是企业从购买原材料进行生产直至销售产品收回货款这一生产和营销活动过程中所必需的资产。

营运资本决策的主要内容包括如下几个方面。

- 收账和现金支付。
- 筹集短期资金。
- 流动性管理。
- 应收账款管理。
- 存货管理。

9) 什么是投资回收期

投资回收期是指在不考虑资金时间价值的前提下，用投资项目所得的净现金流量回收项目初始投资所需的年限。投资回收期越短，投资效益越好。

投资回收期法是长期投资决策的一种基本方法。

10) 预算与预算管理

(1) 预算。

预算是经营决策和长期决策目标的一种数量表现，即通过有关的数据将企业全部经营活动的各项目标具体且系统地反映出来。

预算的作用主要表现在四个方面：明确目标、协调平衡、日常控制、业绩评价。

常用的编制预算的方法包括弹性预算、零基预算、概率预算、滚动预算。

(2) 预算的内容。

预算的内容主要包括经营预算、财务预算和专门预算。

经营预算是与企业日常经营活动有关的预算，主要包括销售预算、生产预算(直接材料预算、直接人工预算、制造费用预算)、采购预算、销售及管理费用预算和现金预算。

财务预算是与企业现金收支、经营成果和财务状况有关的预算，主要包括现金收支预算、预计利润表、预计资产负债表。

专门预算也称为资本支出预算，是与企业的固定资产投资有关的预算。

预算的完整体系如图 4-6 所示。

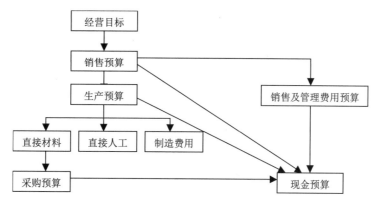

图 4-6　预算的完整体系

管理工具

有了好的想法就已经完成了工作的第一步，如果再能找到解决问题的工具，问题便能迎刃而解。这里向各位主管提供几个简便的管理工具。

1. 如果你是市场主管

(1) 市场开拓。

按照市场开发与市场准入规则，在表 4-4 中标识出各市场最早可能实现销售的起始时间。

表 4-4　市场准入最早时间

经营年度市场	1	2	3	4	5
本地	✓				
区域					
国内					
亚洲					
国际					

(2) 竞争状况分析。

竞争状况分析包括对竞争对手的调查分析和对竞争产品的调查分析。对竞争对手的调查分析包括对竞争对手的数量、生产能力、生产方式、技术水平、产品的市场占有率、销售量及销售地区；竞争企业的价格政策、销售渠道、促销方式、竞争策略；竞争企业的地理位置、新产品开发情况等方面的分析。

在"ERP沙盘模拟"课程中，您一定会关注以下问题。

➢ 各个市场上存在哪些对手，它们销售的是什么产品，占据了多大市场份额？

➢ 哪个市场存在机会？

表4-5提供了监控竞争对手的简单方法。

表4-5 竞争对手分析

本地市场	A	B	C	D	E	F
P1						
P2						
P3						
P4						

(3) 增长潜力分析。

结合当年的企业经营状况，通过分析计算，把企业目前生产的几种产品标注在图4-7中。

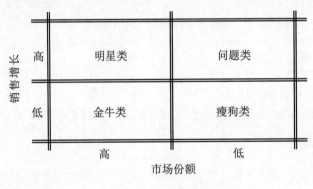

图4-7 波士顿矩阵

2. 如果你是销售主管

作为销售主管，不但要对企业运营过程中的销售进行记录，还要对销售实现的数据进行详细分析。因此需要学会以下几种技能。

(1) 利用"竞单表"表述营销方案。

竞单表见附录A。

(2) 利用"订单登记表"管理客户订单。

订单登记表见附录A。

(3) 利用"组间交易明细表"记录组间交易情况。

组间交易明细表见附录 A。

(4) 广告投入产出效益分析。

广告效益分析是评价广告投入产出效益的指标，其计算公式如下。

$$广告效益=订单销售额/总广告投入$$

广告效益分析用来比较各企业在广告投入上的差异。这个指标告诉经营者：本公司与竞争对手之间在广告投入策略上的差距，以警示营销总监深入分析市场和竞争对手，寻求节约成本、策略取胜的突破口。

图 4-8 中比较了第一年 A~F 六个企业的广告投入产出比。从图中可以看出，E 企业每 1M 的广告投入为它带来 3.2M 的销售收入，因此广告投入产出比胜过其他企业。

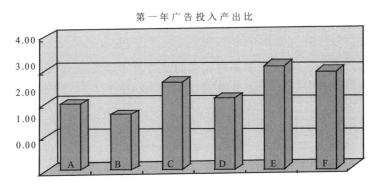

图 4-8 第一年各企业广告投入产出比

(5) 市场占有率分析。

市场占有率是企业能力的一种体现，企业只有拥有了市场才有获得更多收益的机会。

市场占有率指标可以按销售数量统计，也可以按销售收入统计，这两个指标综合评定了企业在市场中销售产品的能力和获取利润的能力。分析可以在两个方向上展开，一是横向分析，二是纵向分析。横向分析是对同一期间各企业市场占有率的数据进行对比，用以确定某企业在本年度的市场地位。纵向分析是对同一企业不同年度市场占有率的数据进行对比，由此可以看到企业历年来市场占有率的变化，这也从侧面反映了企业成长的历程。

① 综合市场占有率分析。综合市场占有率是指某企业在某个市场上全部产品的销售数量(收入)与该市场全部企业全部产品的销售数量(收入)之比。从图 4-9 中可以看出，在该市场 A 企业因为拥有最大的市场份额而成为市场领导者。

$$某市场某企业的综合市场占有率=该企业在该市场上全部产品的销售数量(收入)\div$$
$$全部企业在该市场上各类产品总销售数量(收入)\times 100\%$$

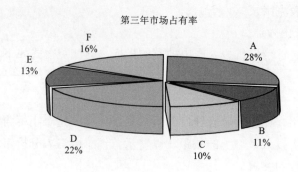

图 4-9 综合市场占有率分析

② 产品市场占有率分析。了解企业在各个市场的占有率仅仅是第一步，进一步确知企业生产的各类产品在各个市场的占有率，对企业分析市场、确立竞争优势也是非常必要的。

某产品市场占有率=该企业在市场中销售的该类产品总数量(收入)÷市场中该类产品总销售数量(收入)×100%

图 4-10 中显示了第三年各企业 P2 产品所占的市场份额。

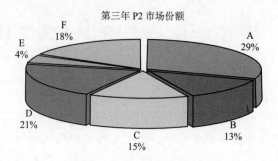

图 4-10 产品市场占有率分析

3. 如果你是生产主管

(1) 产能计算。

销售主管参加客户订货会之前，生产主管应正确计算企业的产能，并向销售主管提供可承诺量(ATP)数据。

当年某产品可接单量=期初库存+本年产量+可能的外协加工数量

为了准确地计算产能，首先要了解不同类型的生产线生产周期不同，年初在制品状态不同，本年能够完工的产品数量也不同，如表 4-6 所示。

表 4-6 生产线类型和年初在制品状态对年生产能力的影响

生产线类型	年初在制品状态			各季度完成的生产				年生产能力
				一	二	三	四	
手工生产线 四种状态	○	○	○	□	□	□	■	1
	●	○	○	□	□	■	□	1
	○	●	○	□	■	□	□	1
	○	○	●	■	□	□	■	2
半自动线 三种状态		○	○	□	□	□	■	1
		●	○	□	□	■	■	2
		○	●	■	□	■	□	2
柔性/全自动生产线 两种状态		○		□	■	■	■	3
		●		■	■	■	■	4

> **要点提示**
>
> 黑色图符表示在制品的位置或产品完工下线。

了解了以上产能计算的基础,很容易推演出用表格计算产能的方法,考虑到设备投资与产品生产的关联性,将它们合并在一个工具中进行表述。附录 A 中提供了第一年到第六年产品生产和设备投资记录工具。附录 B 中提供了第一年到第六年产品生产和设备投资计划编制工具。

(2) 开工计划和需要支付的人工费

产品的开工计划与产品生产计划是一体的,伴随产品开工会发生加工费用,为了清晰起见,将开工计划和需要支付的人工费综合反映在一个工具中。附录 A 中提供了第一年到第六年开工计划和需要支付的加工费记录工具。附录 B 中提供了第一年到第六年开工计划和需要支付的加工费计划编制工具。

4. 如果你是采购主管

生产计划确定之后,就可以相应地编制采购计划了。采购计划中要回答什么时候采购、采购什么、采购多少。什么时候采购取决于企业的开工计划和采购提前期,采购什么和采购多少与现有原料库存、BOM 结构有关。材料入库的同时还要向供应商付款,贷款支付预算可以和采购计划一起完成,因此材料采购和付款与产品开工和需要支付的加工费一并考虑,见附录 A 和附录 B。

5. 如果你是财务主管

(1) 资金预算。

利用资金预算表进行资金预算,测算何时会出现资金短缺,以便采取合理的融资方式进行融资,控制资金成本,保证企业运营的正常进行。现金预算表如表 4-7 所示。

表 4-7　现金预算表

项目	第一季度	第二季度	第三季度	第四季度
期初库存现金				
支付上年应交税				
营销费用				
贴现费用				
利息(短期贷款)				
支付到期短期贷款				
原料采购支付现金				
转产费用				
生产线投资				
支付加工费				
收到现金前的所有支出				
应收款到期				
产品研发投资				
支付行政管理费				
利息(长期贷款)				
支付到期长期贷款				
设备维护费用				
支付租金				
购买新建筑				
市场开拓投资				
ISO 认证投资				
其他				
库存现金余额				

(2) 融资管理。

利用附录 B 进行借贷和还贷的记录。

(3) 财务分析。

财务分析的方法一般有比率分析、结构分析、比较分析、趋势分析。

> 财务分析是以会计核算和报表资料及其他相关资料为依据,采用一系列专门的分析技术和方法,对企业等经济组织过去和现在有关筹资活动、投资活动、经营活动的偿债能力、盈利能力和营运能力状况等进行分析与评价,为企业的投资者、债权者、经营者及其他关心企业的组织和个人提供准确的信息。

比率分析是对财务报表内两个或两个以上项目之间的关系进行分析,它用相对数表示,又称为财务比率。这些比率可以揭示企业的财务状况及经营成果。比率分析是一种简单、方便、广为应用的分析方法,只要具有一个财政年度及以上的资产负债表和利润表,就能完整地分析一家公司的基本经营状况。

结构分析是把一张报表中的总合计作为分母,其他各项目作为分子,以求出每一项目在总合计中的百分比,如百分比资产负债表、百分比利润表。结构分析主要用于发现异常项目。

比较分析是将本期报表数据与本企业预算或标杆企业或行业平均水平做对比,以找出实际与预算的差异或与先进企业的差距。比较分析的作用是发现企业自身的问题。

趋势分析是将三个年度以上的数据,就相同的项目,做多年度高低走向的观察,以判断企业的发展趋向。

① "五力"分析。

近年来,人们常用"五力"来综合评价一个企业,"五力"包括收益力、成长力、安定力、活动力、生产力五个方面。如果企业的上述五项能力处于优良水平,就说明企业的业绩优良。财务上讲求定量分析,用数字说话,下面我们把"五力"转换为可以量化的指标。

第一,收益力

收益力表明企业是否具有盈利的能力。对于收益力,可从以下四个指标入手进行定量分析,它们是毛利率、销售利润率、总资产收益率、净资产收益率。

➤ 毛利率。

毛利率是被经常使用的一个指标。在"ERP沙盘模拟"课程中,它的计算公式如下。

$$毛利率=(销售收入-直接成本)÷销售收入×100\%$$

毛利率说明了什么问题呢?从理论上讲,毛利率说明了每1元销售收入所产生的利润。进一步思考,毛利率是获利的初步指标,但利润表反映的是企业所有产品的整体毛利率,不能反映每个产品对整体毛利的贡献,因此还应该按产品计算毛利率。

➤ 销售利润率。

销售利润率是毛利率的延伸,是毛利减掉综合费用后的剩余。在"ERP沙盘模拟"课程中,它的计算公式如下。

销售利润率=折旧前利润÷销售收入×100%=(毛利−综合费用)÷销售收入×100%

本指标代表了主营业务的实际利润,反映了企业主业经营的好坏。两个企业很有可能在毛利率一样的情况下,出现最终的销售利润率不同的情况,原因就是三项费用(销售费用、财务费用、管理费用)不同。

➢ 总资产收益率。

总资产收益率是反映企业资产的盈利能力的指标,它包含了财务杠杆概念的指标,它的计算公式如下。

$$总资产收益率=息税前利润÷资产合计×100\%$$

➢ 净资产收益率。

净资产收益率反映投资者投入资金的最终获利能力,它的计算公式如下。

$$净资产收益率=净利润÷所有者权益合计×100\%$$

这项指标是投资者较关心的指标之一,也是公司的总经理向公司董事会年终交卷时关注的指标。它涉及企业对负债的运用。根据负债的多少可以将经营者分为激进型、保守型。

负债与净资产收益率的关系是显而易见的。例如,有 A、B 两家公司,总资产相同,负债不同,假定负债年利率为 10%,所得税税率为 30%,比较计算相关指标,结果如表 4-8 所示。

表 4-8 总资产收益率相同负债不同的两个企业相关指标计算对比

企业	总资产	息税前利润	总资产收益率	负债	所有者权益	净利润	净资产收益率
A	100M	20M	20%	60M	40M	9.8M	24.5%
B	100M	20M	20%	40M	60M	11.2M	18.7%

第二,成长力

成长力表示企业是否具有成长的潜力,即持续盈利能力。

成长力指标由三个反映企业经营成果增长变化的指标组成:销售收入成长率、利润成长率和净资产成长率。

➢ 销售收入成长率。

销售收入成长率是衡量产品销售收入增长的比率指标,以衡量经营业绩的提高程度,指标值越高越好,计算公式如下。

$$销售收入成长率=(本期销售收入−上期销售收入)÷上期销售收入×100\%$$

> 利润成长率。

利润成长率是衡量利润增长的比率指标,以衡量经营效果的提高程度,指标值越高越好,计算公式如下。

$$利润成长率=[(本期(利息前)利润-上期(利息前)利润)]\div 上期(利息前)利润\times 100\%$$

> 净资产成长率。

净资产成长率是衡量净资产增长的比率指标,以衡量股东权益提高的程度。对于投资者来说,这个指标是非常重要的,它反映了净资产的增长速度,其计算公式如下。

$$净资产成长率=(本期净资产-上期净资产)\div 上期净资产\times 100\%$$

第三,安定力

安定力是衡量企业财务状况是否稳定、会不会有财务危机的指标。安定力指标由四个指标构成,分别是流动比率、速动比率、固定资产长期适配率和资产负债率。

> 流动比率。

流动比率的计算公式如下。

$$流动比率=流动资产\div 流动负债\times 100\%$$

这个指标体现了企业偿还短期债务的能力。流动资产越多,短期债务越少,则流动比率越大,企业的短期偿债能力越强。一般情况下,运营周期、流动资产中的应收账款数额和存货的周转速度是影响流动比率的主要因素。

> 速动比率。

速动比率比流动比率更能体现企业偿还短期债务的能力,其计算公式如下。

$$速动比率=速动资产\div 流动负债=(流动资产-在制品-产成品-原材料)\div 流动负债\times 100\%$$

从公式中可以看出,在流动资产中,包括变现速度较慢且可能已贬值的存货,因此将流动资产扣除存货再与流动负债对比,以衡量企业的短期偿债能力。一般低于1的速动比率通常被认为短期偿债能力偏低。影响速动比率的可信性的重要因素是应收账款的变现能力,账面上的应收账款不一定都能变现,也不一定非常可靠。

> 固定资产长期适配率。

固定资产长期适配率的计算公式如下。

$$固定资产长期适配率=固定资产\div (长期负债+所有者权益)\times 100\%$$

该指标应小于1,说明固定资产的购建应该使用还债压力较小的长期贷款和股东权益,这是因为固定资产建设周期长,而且固化的资产不能马上变现。如果用短期贷款来购建固定资产,由于短期内不能实现产品销售而带来现金回笼,势必带来还款压力。

> 资产负债率。

资产负债率也称为负债经营比率,反映了债权人提供的资本占全部资本的比例,其计算公式如下。

$$资产负债率=负债\div资产\times100\%$$

负债比率越大,企业面临的财务风险越大,获取利润的能力也越强。如果企业资金不足,依靠欠债维持,导致资产负债率特别高,偿债风险就应该特别注意了。资产负债率在60%~70%比较合理、稳健,当达到85%及以上时,应视为发出预警信号,企业应引起足够的注意。

资产负债率指标不是绝对指标,需要根据企业本身的条件和市场情况判定。

第四,活动力

活动力是从企业资产的管理能力方面对企业的经营业绩进行评价的,主要包括四个指标:应收账款周转率、存货周转率、固定资产周转率和总资产周转率。

> 应收账款周转率(周转次数)。

应收账款周转率是在指定的分析期间内应收账款转为现金的平均次数,指标越高越好,其计算公式如下。

$$应收账款周转率(周转次数)=当期销售净额\div当期平均应收账款$$
$$=当期销售净额\div[(期初应收账款+期末应收账款)\div2]\times100\%$$

应收账款周转率越高,说明其收回越快。反之,说明营运资金过多呆滞在应收账款上,影响正常资金周转及偿债能力。

周转率可以以年为单位计算,也可以以季、月、周为单位计算。

> 存货周转率。

存货周转率是反映存货周转快慢的指标,它的计算公式如下。

$$存货周转率=当期销售成本\div当期平均存货$$
$$=当期销售成本\div[(期初存货余额+期末存货余额)\div2]\times100\%$$

从指标本身来说,销售成本越大,说明因为销售而转出的产品越多。销售利润率一定,赚的利润就越多。库存越小,周转率越大。

该指标可以反映企业中采购、库存、生产、销售的衔接程度。衔接得好,原材料适合生产的需要,没有过量的原料;产成品(商品)适合销售的需要,没有积压。

> 固定资产周转率。

固定资产周转率的计算公式如下。

$$固定资产周转率=当期销售净额\div当期平均固定资产$$
$$=当期销售净额\div[(期初固定资产余额+期末固定资产余额)\div2]\times100\%$$

如果是制造业和交通运输业要计算固定资产周转率。这项指标的含义是固定资产占用的资金参与了几次经营周转，赚了几次钱，用以评价固定资产的利用效率，即产能是否充分发挥。资产周转率越高，企业资金周转得越快，赚钱的速度就越快，赚的钱也就越多。

> 总资产周转率。

总资产周转率指标用于衡量企业运用资产赚取利润的能力，经常和反映盈利能力的指标一起使用，以全面评价企业的盈利能力，其计算公式如下。

$$总资产周转率=当期销售收入÷当期平均总资产$$
$$=销售收入÷[(期初资产总额+期末资产总额)÷2]×100\%$$

该项指标反映总资产的周转速度，周转越快，说明销售能力越强。企业可以采用薄利多销的方法，加速资产周转，带来利润绝对额的增加。

第五，生产力

生产力是衡量人力资源的产出能力的指标，可通过以下两个指标衡量。

$$人均利润=当期利润总额÷当期平均职工人数$$
$$=当期利润总额÷[(期初职工人数+期末职工人数)÷2]$$

人均利润指标用于衡量人力投入与利润之间的关系，指标越大越好。

$$人均销售收入=当期销售净额÷当期平均职工人数$$
$$=当期销售净额÷[(期初职工人数+期末职工人数)÷2]$$

人均销售收入指标用于衡量人力投入与销售收入之间的关系，指标数值越大越好。

生产力指标旨在说明：企业规模扩大，员工数量增加，增加的这些员工生产是否有效率。

综合评价经营业绩的主要目的是与行业或特定的对手比较，发现自己的差距，以便在日后的经营中加以改进。在模拟训练中，一般参加训练的多个公司是同一个行业，所进行的分析可以理解为同行业中的对比分析，因此可以发现自己公司与行业平均水平之间的差别。

计算出了企业的各项经营比率后，各项单个的数据给人的印象是散乱的，我们无法判断企业整体的经营在同行业中处于一种什么样的位置，但图表可以清晰地反映出数据的各种特征，雷达图就是专门用来进行多指标体系分析的专业图表。

雷达图通常由一组坐标轴和三个同心圆构成。每个坐标轴代表一个指标。同心圆中最小的圆表示最差水平或是平均水平的1/2；中间的圆表示标准水平或是平均水平；最大的圆表示最佳水平或是平均水平的1.5倍。其中中间的圆与外圆之间的区域称为标准区，如图4-11所示。在雷达图上，企业的各项经营指标比率分别被标在相应的坐标轴上，并通过线段与各坐标轴上的点连接起来。图中坐标值1为行业的平均值，如果某项指标位于平均线以内，说明该指标有待改进；而对于接近甚至低于最小圆的指标，则是危险信号，应分析原因，抓紧改进；如果某项指标高于平均线，说明该企业在相应方面具有优势。各种指标越接近外圆越好。

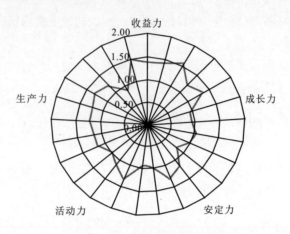

图 4-11　企业能力雷达图

② 杜邦分析。

财务管理是企业经营管理的核心之一，而如何实现股东财富最大化或公司价值最大化是财务管理的中心目标。任何一个公司的生存与发展都依赖于该公司能否创造价值。出于向投资者(股东)揭示经营成果和提高经营管理水平的需要，他们需要一套实用、有效的财务指标体系，以便据此评价和判断企业的经营绩效、经营风险、财务状况、获利能力和经营成果。杜邦财务分析体系就是一种比较实用的财务比率分析体系。这种分析方法最早由美国杜邦公司使用，故名杜邦分析法。

杜邦分析法利用几种主要的财务比率之间的关系来综合地分析企业的财务状况，用来评价公司盈利能力和股东权益回报水平。它的基本思想是将企业净资产收益率(ROE)逐级分解为多项财务比率乘积，这样有助于深入分析比较企业经营业绩。

杜邦分析法如图 4-12 所示，从图中可以看出，净资产收益率是杜邦分析的核心指标。这是因为，任何一个投资人投资某一特定企业，其目的都在于希望该企业能给他带来更多的回报，因此，投资人最关心这个指标。同时，这个指标也是企业管理者制定各项财务决策的重要参考依据。通过杜邦分析，将影响这个指标的三个因素(销售净利率、总资产周转率、权益乘数)从幕后推向台前，使我们能够目睹它们的庐山真面目。所以在分析净资产收益率时，就应该从构成该指标的三个因素的分析入手。

为了找出销售利润率及总资产周转率水平高低的原因，可将其分解为与财务报表有关的项目，从而进一步发现问题产生的原因。销售利润率及总资产周转率与财务报表有关项目之间的关系在杜邦分析图中一目了然。有了这张图，可以非常直观地发现是哪些项目影响了销售利润率，或者是哪个资产项目拖了总资产周转率的后腿。

总资产收益率水平高低的原因可进行类似指标分解。总资产收益率低的原因可能在于销售利润较低，也可能在于总资产周转率较低。如果属于前一种情况，则需要在开源节流方面挖掘潜力；倘若属于后一种情况，则需要提高资产的利用效率，减少资金闲置，加速资金周转。

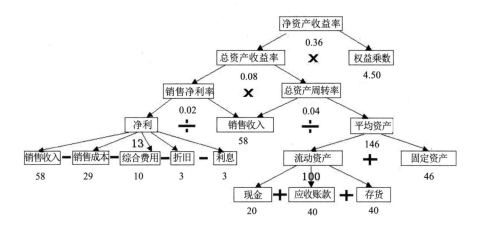

图4-12 杜邦分析图解

权益乘数可以反映企业的负债能力。这个指标越高，说明企业资产总额中的大部分是通过负债形成的，这样的企业将会面临较高的财务风险。当这个指标较低时，说明企业的财务政策比较稳健，负债较少，风险也小，但获得超额收益的机会也不会很多。

杜邦分析既涉及企业获利能力方面的指标(净资产收益率、销售利润率)，又涉及营运能力方面的指标(总资产周转率)，同时还涉及举债能力指标(权益乘数)，可以说杜邦分析法是一个三位一体的财务分析方法。

(4) 成本分析。

企业经营的本质是获取利润，获取利润的途径是扩大销售或降低成本。企业成本由多项费用要素构成，了解各费用要素在总体成本中所占的比例，分析成本结构，从比例较高的费用支出项入手，是控制费用的有效方法。

在"ERP沙盘模拟"课程中，从销售收入中扣除直接成本、综合费用、折旧、利息后得到税前利润。明确各项费用在销售收入中的比例，可以清晰地指明工作方向。费用比例计算公式如下。

$$费用比例=费用\div销售收入$$

如果将各费用比例相加，再与1相比，则可以看出总费用占销售比例的多少。如果超过1，则说明支出大于收入，企业亏损，并可以直观地看出亏损的程度，如图4-13所示。

> **要点提示**
>
> 经营费由经常性费用组成，即扣除开发费用之外的所有经营性支出，按下式计算。
>
> $$经营费=设备维修费+场地租金+转产费+其他费用$$

如果将企业各年成本费用变化情况进行综合分析，就可以通过比例变化透视企业的经营状况，如图4-14所示。

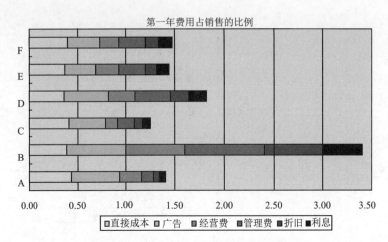

图 4-13　各企业第一年费用占销售的比例

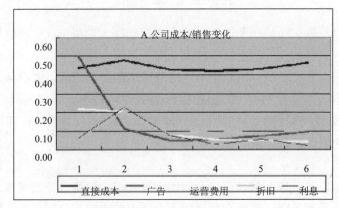

图 4-14　成本费用比例的变化

(5) 产品盈利分析。

企业经营的成果可以从利润表中看到,但财务反映的损益情况是公司经营的综合情况,并没有反映具体业务、具体合同、具体产品、具体项目等明细项目的盈利情况。盈利分析就是对企业销售的所有产品和服务分项进行盈利细化核算,核算的基本公式如下:

单产品盈利=某产品销售收入-该产品直接成本-分摊给该产品的费用

这是一项非常重要的分析,它可以告诉企业经营者哪些产品是赚钱的,哪些产品是不赚钱的。

在这个公式中,分摊费用是指不能直接认定到产品(服务)上的间接费用,例如,广告费、管理费、维修费、租金、开发费等,都不能直接认定到某一个产品(服务)上,需要在当年的产品中进行分摊。分摊费用的方法有许多种,传统的方法有按收入比例、成本比例等进行分摊,这些传统的方法多是一些不精确的方法,并不是很合理。本课程中的费用分摊是按照产品数量进行的分摊,即

某类产品分摊的费用=分摊费用÷各类产品销售数量总和×某类产品销售的数量

按照这样的计算方法得出各类产品的分摊费用，根据盈利分析公式计算出各类产品的贡献利润，再用利润率表示对整个公司的利润贡献度，即

某类产品的贡献利润÷该类产品的销售收入=(某类产品的销售收入−直接成本−
分摊给该类产品的分摊费用)÷该类产品的销售收入

其结果以图 4-15 所示的产品贡献利润和图 4-16 所示的产品利润率表示。

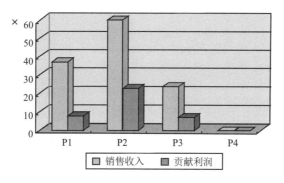

图 4-15　产品贡献利润

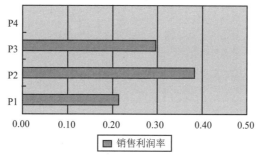

图 4-16　产品利润率

尽管分摊的方法有一定的偏差，但分析的结果可以说明哪些产品是赚钱的、是值得企业大力发展的，哪些产品赚得少或根本不赚钱。企业的经营者可以对这些产品进行更加仔细的分析，以确定企业发展的方向。

一试身手

1. 经验分享。两天的尽忠职守、兢兢业业，你一定积累了不少工作经验，可能还自制了一些便捷的管理工具，分享出来，让大家为你的进步喝彩！

2. "学以致用"是学习的基本目标。通过两天的课程,你学到了很多知识,但立足企业、面向本岗位、将知识付诸行动,才是教育的根本目的所在。

请结合本岗位工作提出改进工作的思路,并提出具体的行动计划。

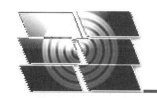

项目五
新商战电子沙盘对抗

实训目标

> 完成基于新商战电子沙盘的企业六年的模拟运营。
> 获得在电子工具全程监控下进行企业运营的管理经验。
> 掌握利用电子工具管理企业业务、进行信息查询的基本方法。
> 自行设计用于企业经营管理的记录方式及其他管理工具。

任务描述

前面四个项目是基于 ERP 沙盘开展的企业经营模拟。几天的课程下来，受训者通过经营体验—决策失误—高人指点—反思回顾，获得了企业管理的真实体验及管理能力和素质的综合提升，课程结束时必然是意犹未尽的。如果把这个阶段称为企业经营感性认知阶段，那么基于新商战电子沙盘的企业经营模拟对抗可以称为第二个阶段——企业经营理性认知阶段。

新道新商战沙盘系统(简称新商战电子沙盘)是一款企业经营模拟软件，是由新道科技有限公司研发并用于教学的一款电子沙盘产品。新商战电子沙盘继承了ERP实物沙盘形象直观的特点，同时实现了选单、经营、报表生成、赛后分析的全自动操作，将教师彻底从选单、报表录入、监控等具体操作中解放出来，避免了因监控不到而造成的舞弊，将教学研究的重点放在企业经营本质上。该系统全真模拟企业市场竞争及经营过程，受训者犹如身临其境，能够感受真实的市场氛围，既可以全面掌握经营管理知识，又可以树立团队精神、责任意识。电子沙盘对传统课堂教学及案例教学既是一种有益补充，也是一种创新。

本项目就让我们一览新商战电子沙盘的全貌。

要点提示

本项目资金单位为 W。

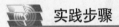 实践步骤

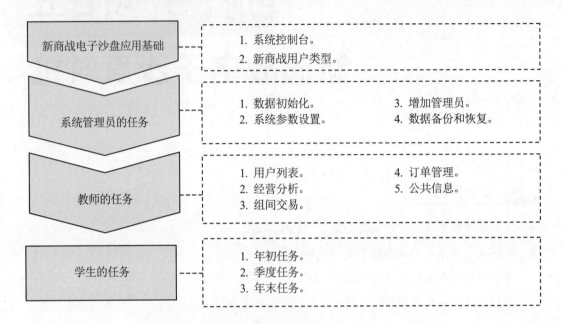

任务一　新商战电子沙盘应用基础

新商战电子沙盘采用了硬加密的加密方式。我们将安装好新商战电子沙盘的机器称为服务器。

1. 系统控制台

在装有新商战电子沙盘加密狗的服务器上，双击桌面上的"新道新商战沙盘系统"图标，打开"新商战沙盘系统"控制台界面，如图 5-1 所示。

图 5-1 "新商战沙盘系统"控制台界面

新商战电子沙盘系统控制台提供了四项设置功能：启动系统、端口设置、系统初始化、导入/导出规则或订单。其中必须执行的功能是启动系统。下面分别进行简要说明。

(1) 启动系统。

单击"启动系统"按钮，系统自动启动新商战电子沙盘数据服务和应用服务，启动完成后会显示如下信息，其中6443ms提示的是服务启动所用的时长。

信息：Server startup in 6443 ms

只有启动了系统服务，才能登录新商战电子沙盘。

(2) 端口设置。

为了保证新商战电子沙盘系统和服务器运行环境中已有系统端口不发生冲突，系统提供了端口设置功能。系统可以自动检测并设置默认端口。

单击"端口设置"按钮，可以查看系统位置的默认端口。

(3) 系统初始化。

新商战系统安装完成后，系统数据库中已经预置了五套规则方案及配套的订单方案。系统初始化的作用是清除系统中现有的规则方案和订单方案，将系统数据库清理干净。

> 要点提示
>
> 除非特殊情况，否则尽量不要进行系统初始化。

(4) 导入/导出规则或订单。

如果系统中预置的五套方案仍不能满足需求。教师可以自行设计新的规则方案及配套订单，然后利用系统提供的"导入规则方案"和"导入订单方案"功能将其导入新商战系统中。同理，如果需要从系统中导出规则和订单，可以利用系统提供的"导出规则方案"和"导出订单方案"功能。

2. 新商战用户类型

使用新商战电子沙盘的用户可以分为三类：系统管理员、教师和学生。三类用户的登录方法一致。在浏览器地址栏中输入服务器"IP地址:端口"，如http://192.168.35.200:8081，打开用户登录界面，如图5-2所示。

图5-2 新商战登录界面

任务二　系统管理员的任务

在新商战电子沙盘中，系统管理员用户名默认为"admin"，口令默认为"1"，单击"用户登录"按钮，便可以系统管理员身份进入新商战系统管理界面，如图5-3所示。

图 5-3　新商战系统管理界面

要点提示

推荐使用谷歌浏览器且以极速模式运行。

1. 创建教学班

新商战电子沙盘支持多班教学，每个教学班的运行状态相互独立。教学班的运行状态共有四种，如图 5-4 所示。

图 5-4　教学班运行状态

➢ 未初始化：刚刚创建班级，尚未开展教学活动。
➢ 正在进行：教学活动正在进行中。

> 已暂停:"已暂停"状态的教学班客户端无法登录。
> 已结束:教学任务已经完成。已关闭的教学班教师仍可以查看历史数据。

对教学班的操作有以下三种。

> 关闭:已关闭的教学班无法再使用。
> 暂停/恢复:本次教学活动完成,可先"暂停"。下次教学活动继续前可进行"恢复"。
> 删除:对"已结束"状态的教学班可以进行删除处理。

2. 教师管理

在教师管理中,可以创建多个教授本课程的教师,方便学校分班开课。教师管理包括添加用户、修改密码和删除用户。

(1) 添加用户。

添加用户时,需要输入用户名和密码。新增用户的角色默认为"教师"。

系统管理员至少要添加一名教师。

(2) 修改密码。

教师登录密码若忘记了,可以由系统管理员在此重置。

(3) 删除用户。

可以将不再担任该课程教学的教师从新商战系统中删除。

3. 权限管理

在权限管理中,可以建立教师和教学班级之间的关系。

一个教师可以关联多个教学班;一个班级也可以有多个教师。

4. 数据备份和恢复

为了确保数据安全,系统提供自动备份和手工备份两种备份方式。

(1) 自动备份。

系统自动备份的文件默认存放在"C:\auto"目录中。

(2) 手工备份。

单击"备份文件"按钮,系统自动以"当前日期+当前时间"生成备份文件,存放在"C:\manual"目录中。

数据一旦损坏或丢失,系统可以将要还原的备份文件复制到"C:\manual"目录下,在"数据备份"界面,选中要还原的备份文件,单击"备份还原"按钮,即可还原。

任务三 教师的任务

在浏览器地址栏中输入服务器"IP 地址:端口",如 http://192.168.35.200:8081,打开用户登录界面。输入教师的用户名和密码,单击"用户登录"按钮,以教师身份进入新商战系统。教师在教学活动组织过程中的主要任务如下。

1. 教学班初始化

初次登录时，需要对创建的教学班进行初始化。初始化的含义是设置本教学班进行企业经营所使用的订单方案、规则方案和系统参数，如初始现金、贷款利率等，使经营环境变化多样。

单击"教学班初始化"按钮，系统弹出"教学班初始化"对话框，如图5-5所示。

图5-5 "教学班初始化"对话框

各选项含义如下。

- ➢ 用户名前缀：设置用户名前缀信息，如tc。
- ➢ 队数：输入该教学班进行竞争的队数，系统便会按照队数将各队用户名命名，如tc01、tc02、tc03等。各队初始状态为"新用户"。
- ➢ 订单方案：系统预置了五套订单方案，以支持不同队数的企业经营。
- ➢ 规则方案：系统预置了五套规则方案，以改变企业竞争的外部环境。

系统参数设置是设定企业运行过程中系统自动执行的一些规则，部分参数含义如下。

- ➢ 最小得单广告额：想得到一张客户订单需要投入的最小广告金额。
- ➢ 拍卖会同拍数量：竞拍会上多组同时竞单时出现的订单个数。
- ➢ 竞拍会竞单时间：参与竞拍的各队录入竞拍条件的最长时间。
- ➢ 初始现金(股东资本)：股东给创业团队的初始资金。
- ➢ 贴现率：应收账款贴现时产生的贴现费相对应收账款的比率。
- ➢ 紧急采购倍数：紧急采购成品或原料时所付出的单价与正常采购单价的比值。
- ➢ 所得税率：所缴纳的所得税与利润总额的比例。
- ➢ 信息费：企业获取竞争对手业务经营资料所支出的费用。
- ➢ 库存折价率：拍卖存货时得到的金额与存货成本的比值。
- ➢ 贷款额倍数：设定银行借款上限为上年所有者权益的倍数。
- ➢ 长期贷款利率：向银行融资需要支付的贷款利率。

单击"确定"按钮，完成教学班初始化。教学班状态显示"正在进行中"。

2. 查看各组经营信息

双击正在进行中的教学班，进入教学管理界面，如图 5-6 所示。

图 5-6　教学管理界面

单击窗口上方的组号，如 tc01，窗口中显示该组各项经营信息，包括公司资料、库存采购信息、研发认证信息、财务信息、厂房信息、生产信息，如图 5-7 所示。

图 5-7　企业经营信息

1) 公司资料

在"公司资料"选项卡中，除了公司的基本信息外，还有几项特别的功能。

(1) 还原本年。

如果某组操作出现严重错误，其结果可能导致不能继续经营，这时可以单击"还原本年"按钮，确定后，可以将该组经营数据还原至当年年初，重新开始经营。

(2) 修改密码。

如果某组忘记了密码，无法进入系统，可以单击"修改密码"按钮，为该组设置新密码。

(3) 追加资本。

如果某组经营不善导致破产，从教学管理角度需要其继续经营，则可以单击“追加资本”按钮，为该组注资。注资类别分为“特别贷款”和“股东注资”两种。特别贷款属于债权性融资；股东注资属于权益性资本。

(4) 修改状态。

每个组的运营状态分为三种：未运营、正在运营和已破产。当发生资不抵债或现金断流时，企业经营状态自动显示“已破产”。教师为了保证正常的教学活动，可在追加资本后，将该组运营状态修改为“正在运营”。

(5) 查询公司财务信息。

在公司资料页面下方，有“综合财务信息”“综合费用表”“利润表”“资产负债表”“现金流量表”“订单列表”几项查询入口。可以单击相应的按钮，查询对应的信息。

(6) 导出 Excel。

单击“导出 Excel”按钮可以将公司信息输出到 Excel 中。

2) 库存采购信息

在“库存采购信息”选项卡中，可以查看原料订购、原料库存和产品库存情况，如图 5-8 所示。

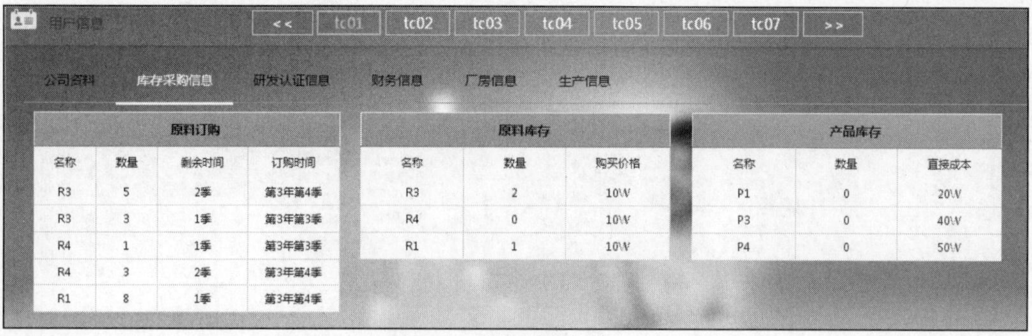

原料订购

名称	数量	剩余时间	订购时间
R3	5	2季	第3年第4季
R3	3	1季	第3年第3季
R4	1	1季	第3年第3季
R4	3	2季	第3年第4季
R1	8	1季	第3年第4季

原料库存

名称	数量	购买价格
R3	2	10W
R4	0	10W
R1	1	10W

产品库存

名称	数量	直接成本
P1	0	20W
P3	0	40W
P4	0	50W

图 5-8 库存采购信息

3) 研发认证信息

在“研发认证信息”选项卡中，可以查看市场开拓、产品研发、ISO 认证情况，如图 5-9 所示。

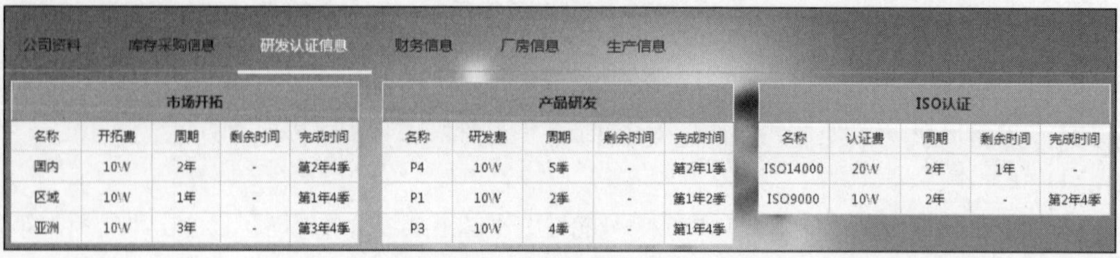

市场开拓

名称	开拓费	周期	剩余时间	完成时间
国内	10W	2年	-	第2年4季
区域	10W	1年	-	第1年4季
亚洲	10W	3年	-	第3年4季

产品研发

名称	研发费	周期	剩余时间	完成时间
P4	10W	5季	-	第2年1季
P1	10W	2季	-	第1年2季
P3	10W	4季	-	第1年4季

ISO认证

名称	认证费	周期	剩余时间	完成时间
ISO14000	20W	2年	1年	-
ISO9000	10W	2年	-	第2年4季

图 5-9 研发认证信息

4) 财务信息

在"财务信息"选项卡中,可以查看长期贷款、短期贷款、特别贷款、应收款和应付款信息。

5) 厂房信息

在"厂房信息"选项卡中,可以查看企业厂房相关信息。

6) 生产信息

在"生产信息"选项卡中,可以查看企业生产线相关信息。

3. 选单管理

选单管理主要用于管理一年一度的订货会。单击"选单管理"按钮,进入"选单管理"界面,选单管理界面主要有四种视图。

(1) 查看广告投放完成情况。

每年年初,教师可以在此查看各组广告投放完成情况。选单管理界面显示各组投放广告的完成时间,教师可以据此敦促没有投放广告的小组尽快完成广告投放。

(2) 开启选单控制。

当所有企业均完成广告投放后,选单管理界面显示"开始选单"按钮。单击"开始选单"按钮,系统弹出"订货会正式开始"提示信息,单击"确定"按钮,开启选单控制。

(3) 监控选单过程。

选单开始后,在选单管理中,可以查看各市场选单进行情况,如图 5-10 所示。

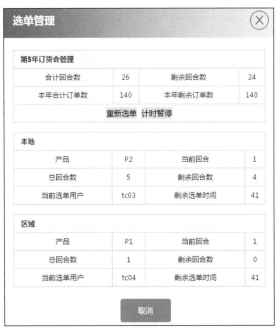

图 5-10 选单进行中

(4) 结束选单。

当选单全部结束后，系统弹出"本年订单会已结束"提示信息，单击"确定"按钮返回。

4. 竞单管理

竞单与选单不同，竞单是各企业从市场获取订单的另一种途径。教师可以在参数设置中设置自哪一年开启竞单。竞单环节应安排在订货会之后。教师端竞单管理界面，如图5-11所示。

图5-11 教师端竞单管理界面

5. 组间交易

企业在经营过程中，如果遇到产能不足无法按时交货的情况，可考虑向同行企业购买急需的产品，交易的产品及价格由双方进行协商。进行组间交易需要在教师端进行登记。

> **要点提示**
>
> 组间交易必须在两个企业经营到某一共同系统时间点时才能操作。

6. 查看排行榜单

排行榜单中显示按照系统预定规则计算的各企业经营得分。教师可以在"当前修正"中输入加分或减分，即可得到经老师修正的各企业经营的最后成绩排名。

7. 发布公共信息

每年经营结束，教师向各企业公布本年的经营情况，例如公布利润表、资产负债表、目前权益、市场老大等公共信息，如图 5-12 所示。

图 5-12　公共信息

单击"导出 Excel"按钮，可以将各组的对比信息以 Excel 的形式下载保存并查阅。

8. 查看订单详情

在订单详情中，可以查看该教学班所有年份的市场订单明细。

9. 设置系统参数

单击"系统参数"按钮，可以对初始化时设置的系统参数进行修订。

> 要点提示
>
> 初始现金不能更改。

10. 其他

在教师登录界面的右上方，设有以下三项功能。

(1) 公告信息。

单击"公告信息"按钮，系统弹出聊天对话框。在编辑框内输入文字或表格，可以发送消息给某企业或全体。当系统有默认设置的消息需要发布时，会直接在聊天框中弹出。

(2) 规则说明。

单击"规则说明"按钮，可以查阅企业模拟经营的运营规则。该规则即初始化设置时选定的规则方案。

(3) 市场预测。

单击"市场预测"按钮，可以查阅本次企业模拟经营的市场预测信息，其中包括每个市场各产品的需求数量和市场均价。

任务四　学生的任务

在浏览器地址栏中输入服务器"IP 地址:端口"，如 http://192.168.35.200:8081，打开用户登录界面。输入教师为每组设定的用户名和密码，单击"用户登录"按钮，以学生身份进入新商战系统。

> 要点提示
>
> 每个企业由一位主管负责在新商战系统中录入决策数据即可，多人操作容易出现失误。

1. 企业注册

各组第一次登录新商战系统时，用户名为教师在教学班初始化时设置的前缀名+组号，如tc01，密码为"1"。

首先进入"用户注册"页面，在此处需要完成以下两项工作。

(1) 重设用户密码。

用户的初始密码由系统自动设定为"1"，用户首次登录系统时，需要重设密码，防止竞争对手利用初始密码轻易进入本企业，获取本企业的重要经营信息。

(2) 维护企业基本信息。

企业基本信息包括公司名称，公司宣言，企业管理层总经理、财务总监、采购总监、销售总监、生产总监姓名等内容。

注册完成后，进入企业经营主界面，如图5-13所示。

图5-13　企业经营主界面

主界面分为两大部分：厂区及操作区。

主界面中间部分为厂区。厂区中直观地展示了企业现有的厂房、生产线、生产动态、库存状况、财务信息，以及市场开发情况、研发进度、ISO 认证等信息。

主界面下方为操作区。操作区又划分为两部分：首行的日常任务区和末行的特殊任务区。日常任务区列示了企业按正常业务流程运营过程中的各项待完成的任务。特殊任务区列示了几项可以不遵循正常程序的工作，例如，当企业遇到资金流危机时可以随时贴现，当企业生产没有原料时可以紧急采购。无疑，这种非常规的紧急任务要比日常任务付出更高的成本。

2. 企业经营流程

新商战模拟企业经营六个年度，每个年度又分为四个季度。企业日常经营任务分为年初任务、每季度任务和年末任务，这些任务的执行要遵循一定的先后顺序。企业特殊经营任务在本年度任何时点都可以进行。

企业日常经营任务总流程如图 5-14 所示。

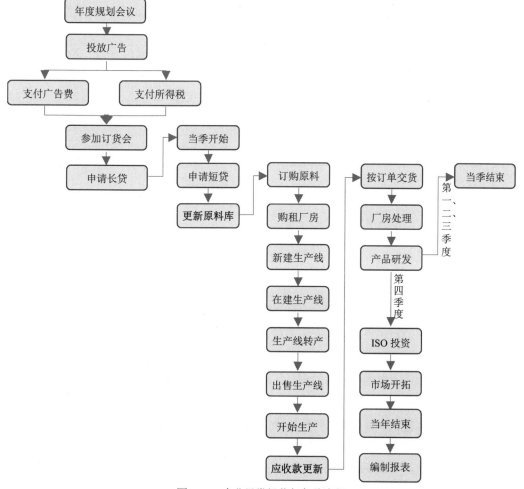

图 5-14　企业日常经营任务总流程

> 要点提示

图 5-14 中"更新原料库"和"应收款更新"标注了粗体，表示该任务不执行无法开启后续任务。

3. 企业日常经营任务

企业经营过程中，各个管理角色都需要做好业务记录。管理岗位不同、职责不同，需要记录的内容也不同。各角色所用记录表见附录 B-3。

下面以表 5-1 为索引，介绍新商战企业各项经营任务的含义、操作方式及所引起的现金流变化。

(1) 年度规划会议。

召开年度规划会议是每个经营年度开始时的第一项任务，在软件中无须操作。年度规划会议一般由团队的 CEO 主持召开，会同团队中的采购、生产、销售等负责人一起进行全年的市场预测、广告投放、订单选取、产能扩张、产能安排、材料订购、订单交货、产品研发、市场开拓、筹资管理和现金控制等方面的分析和决策规划，最终完成全年经营的财务预算。

(2) 投放广告。

单击"投放广告"按钮，系统弹出"投放广告"对话框，如图 5-15 所示。按市场和产品录入对应的广告费，录入完毕单击"确认"按钮。

图 5-15　投放广告

市场开拓完成后才能在该市场获取客户订单。方框内的市场表示已开拓完成，可在该市场投放广告费。圆圈内的市场表示尚未开拓完成，不可在该市场投放广告费。

市场广告费的投放要根据市场的竞争激烈程度、企业自身的产能布置、发展战略、竞争对手的广告投放策略等多方面因素综合考虑。广告投放后，等待教师开启订货会。

(3) 参加订货会。

单击"参加订货会"按钮，此时如果其他企业存在未完成投放广告操作时，系统显示"订货会就绪(等待教师开启)"提示信息；当所有企业均已经完成广告投放且教师端已经开启订货会时，进入选单状态，如图 5-16 所示。

表 5-1 新商战任务解析

分类	序号	任务	季度 一	季度 二	季度 三	季度 四	操作方式	涉及的现金流变化
日常任务	1	年度规划会议					线下	
	2	投放广告(支付广告费、支付所得税)		▨	▨		输入广告费并确认(第一年无)	系统自动扣除广告费和上年应交所得税,库存现金减少
	3	参加订货会		▨	▨		按顺序选择订单	
	4	申请长期贷款					输入贷款年限、金额	获得长期贷款,库存现金增加
	5	当季开始(更新短期贷款/短期贷款还本付息、更新生产完工入库、生产线完工/转产完工)					单击"当季开始"按钮	偿还短期贷款,库存现金减少
	6	申请短期贷款					输入短期贷款金额	申请短期贷款,库存现金增加
	7	更新原料库					输入支付原料款	支付原料款,库存现金减少
	8	订购原料					输入订购原料数量	
	9	购租厂房					输入厂房类型及订购方式	支付买价或租金,库存现金减少
	10	新建生产线					选择所属厂房、生产线类型及生产产品	生产线建设投资,库存现金减少
	11	在建生产线					选择需要继续投资的生产线	生产线建设投资,库存现金减少
	12	生产线转产					选择要转产的生产线及转产产品	支付转产费,库存现金减少
	13	出售生产线					选择要投产的生产线	按出售生产线的残值获得现金,库存现金增加
	14	开始生产					确认即可	支付人工费,库存现金减少
	15	应收款更新						本期到期的应收款收现,库存现金增加
	16	按订单交货					对于本期要交货的订单,单击"确认交货"按钮	已交货订单0账期的收现,库存现金增加

(续表)

分类	序号	任务	季度 一	季度 二	季度 三	季度 四	操作方式	涉及的现金流变化
日常任务	17	厂房处理					选择厂房处理方式，单击"确认"按钮	买转租：支付本年租金，库存现金减少；退租：自上年支付租金后满1年，支付当年租金，库存现金减少；租转买：支付买价，库存现金减少
	18	产品研发					选择要研发的产品，单击"确认"按钮	支付研发费，库存现金减少
	19	当季结束(支付行政管理费厂房续租/检测产品开发完成情况)					单击"当季结束"按钮	支付行政管理费，库存现金减少；厂房续租，库存现金减少
	20	ISO投资					选择要投资的ISO资质，单击"确认"按钮	支付ISO认证投资，库存现金减少
	21	市场开拓					选择要开拓的市场，单击"确认"按钮	支付市场开拓费，库存现金减少
	22	当年结束(支付行政管理费/厂房续租/检测产品开发完成情况/检测市场开拓完成情况/认证完成情况/ISO资格认证完成情况/支付设备维修费/计提当年折旧/扣除违约订单切款)	▨	▨	▨		单击"当年结束"按钮	支付行政管理费，库存现金减少；厂房续租，库存现金减少；支付设备维修费，库存现金减少；扣除产品订单违约罚款，库存现金减少
	23	填写报表					单击"填写报表"按钮	
特殊任务	1	贴现					单击"贴现"按钮	不同的贴现和贴现率现现，库存现金减少
	2	紧急采购					单击"紧急采购"按钮	紧急采购原料成品，库存现金减少
	3	出售库存					单击"出售库存"按钮	出售原料成品，库存现金增加
	4	厂房贴现					单击"厂房贴现"按钮	根据厂房内价值和贴现率贴现，库存现金增加
	5	订单信息					单击"订单信息"按钮	若出售厂房内生产线要支付租金，库存现金减少
	6	间谍					单击"间谍"按钮	支付信息费，库存现金减少

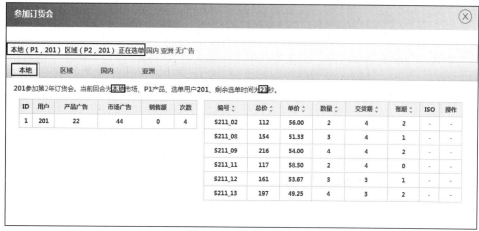

图 5-16 参加订货会

系统会在界面首行提示正在进行选单的市场、产品(加框线部分)、选单用户和剩余选单时间,企业选单时要特别关注上述信息。

对话框左边显示某市场的选单顺序,右边显示该市场的订单列表。未轮到当前用户选单时,右边操作列无法点击。当轮到当前用户选单时,操作列显示"选中"按钮,单击"选中"按钮,成功选单。当选单倒计时结束后用户无法选单。

要点提示

> 选单时要特别注意有两个市场在同时进行选单的情况,此时很容易漏选市场订单。
> 除参加订货会争取客户订单外,还可以参加竞单会,以竞单的方式获得客户订单。

竞单与选单不同,竞单是各企业从市场获取订单的另一种途径。而且对企业来说,竞单不需要预先设置广告,参与竞单的企业只需针对订单给出价格、交货期、应收账期三项参数,系统按规则计算综合得分,分高者中单,中单者再缴纳相应的手续费即可。学生端竞单管理界面如图 5-17 所示。

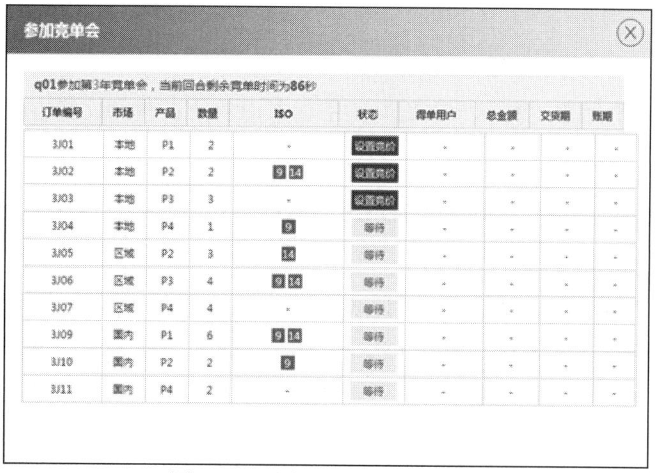

图 5-17 学生端竞单管理界面

(4) 申请长期贷款。

单击"申请长贷"按钮，系统弹出"申请长贷"对话框，如图 5-18 所示。系统提示本企业当前时点可以贷款的最大额度，选择贷款年限，输入贷款金额，单击"确认"按钮。

图 5-18　申请长贷

各选项含义如下。

> 最大贷款额度：系统设定为上年末企业所有者权益的 N 倍，N 值由教师在参数设置中设定。需贷款额由企业在年度规划会议中根据企业运营规划确定，但不得超过最大贷款额度。

> 需贷款年限：系统预设有 1 年、2 年、3 年、4 年和 5 年供选择。

> 需贷款额：贷款额为不小于 10W 的正整数。

例如，若长期贷款年利率设定为 10%，贷款额度设定为上年末所有者权益的 3 倍，企业上年末所有者权益总额为 800W，则本年度贷款上限为 2400W(＝800W×3)，假定企业之前没有贷款，则本次贷款最大额度为本年度贷款上限，即 2400W。若企业之前已经存在 1000W 的贷款，则本次贷款最大额度为本年度贷款上限减去已贷金额，即 1400W。若企业第 1 年初贷入了 1000W，期限为 5 年，则系统会在第 2~6 年初每年自动扣除长贷利息 100W(＝1000W×10%)，并在第 6 年初自动偿还贷款本金 1000W。

要点提示

> 一年只有一次长贷的机会。
> 长期贷款按年付息，到期一次还本。年利率由教师在参数设置中设定。

(5) 当季开始。

单击"当季开始"按钮，系统弹出"当季开始"对话框，如图 5-19 所示。只有当季开始后才能执行本季中的其他任务。

确认进行"当季开始"后，系统会自动完成以下三项工作：第一，更新未到期短期贷款还款周期，偿还到期短期借款本息；第二，将生产线上的产品推进到下一道工序，如若完工将产品转入对应产成品库；第三，检测生产线建设是否完工，若完工将在建工程转入固定资产，检测生产线转产是否完工，若完工即可开始生产新的产品。

图 5-19 当季开始

(6) 申请短期贷款。

单击"申请短贷"按钮，系统弹出"申请短贷"对话框，如图 5-20 所示。在"需贷款额"后输入金额，单击"确认"按钮。

短期贷款期限默认为 1 年，到期一次还本付息，短贷利率由教师在参数设置中设定。短贷申请额度不得超过对话框中所提示的"最大贷款额度"。例如，假定企业短期贷款年利率为 5%，企业若在第一年第一季度贷入 20W，那么，企业需在第二年第一季度偿还该笔短贷的本金 20W 和利息 1W(=20×5%)，共计 21W。

(7) 更新原料库。

单击"更新原料库"按钮，系统弹出"更新原料"对话框，如图 5-21 所示。新商战电子沙盘采用货到付款的结算方式，因此，此处需要输入该批到货原料需支付的现金，单击"确认"按钮，系统扣除现金并增加原料库存。

图 5-20 申请短贷

图 5-21 更新原料库

要点提示

更新原料库为每个季度的关键任务，只有更新完原料库，才能开启后续任务。

新商战中，原材料一般分为 R1、R2、R3、R4 四种，每种原材料单价均为 10W。其中 R1、R2 采购提前期为一个季度，R3、R4 采购提前期为两个季度。

例如，若企业在第一季度订购了 R1、R2、R3、R4 各 1 个，第二季度又订购了 R1、R2、R3、R4 各 2 个，则第二季度更新原料库时，需支付的材料采购款为 20W(系第一季度订购的 R1 和 R2 材料款)，第三季度更新原料库时，需支付的材料采购款为 60W(系第一季度订购的 R3、R4 材料款和第二季度订购的 R1、R2 材料款)。原料入库流程如图 5-22 所示。

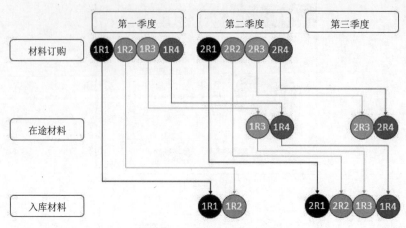

图 5-22 原料入库流程

(8) 订购原料。

单击"订购原料"按钮,系统弹出"订购原料"对话框,显示原料名称、价格、运货期等信息,如图 5-23 所示。在"数量"列输入需订购的原料数量,单击"确认"按钮。

原料订购数量由生产需要和现有库存来决定,订购多了会造成现金占用,订购少了则不能满足生产需要,会造成生产线停产,甚至不能按期完成产品交货,导致订单违约。

例如,若企业第二季度需要领用 5R1、4R2,第三季度需要领用 3R1、4R2、5R3、4R4,第四季度需要领用 4R1、6R2、4R3、5R4,则企业第一季度需要订购的原材料为 5R1、4R2、5R3、4R4,第二季度需订购的原材料为 3R1、4R2、4R3、5R4。各季度原料订购数量如图 5-24 所示。

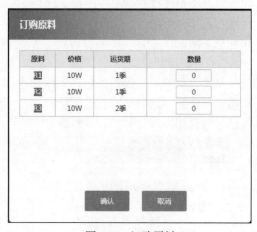

图 5-23 订购原料

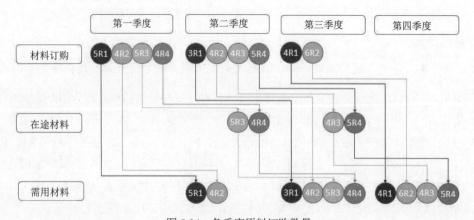

图 5-24 各季度原料订购数量

(9) 购租厂房。

单击"购租厂房"按钮,系统弹出"购租厂房"对话框,如图 5-25 所示。单击"厂房类型"右侧的下拉按钮选择厂房类型,下拉列表框中显示每种厂房的购买价格、租用价格等。选择订购方式为"买"或"租"。单击"确认"按钮,系统自动扣除相应的现金。

若选择购买,则需一次性支付购买价款,无后续费用;若选择租用,则需每年支付租金,租金支付时间为租入当时和以后每年对应季度的季末。例如,企业在第一年第二季度选择租入 1 个大厂房,则需在第一年第二季度支付第一年租金,以后每年的租金由系统自动在第二季度季末支付。

(10) 新建生产线。

单击"新建生产线"按钮,系统弹出"新建生产线"对话框,如图 5-26 所示。选择放置生产线的厂房,单击"类型"右侧的下拉按钮,选择要新建的生产线类型,下拉列表框中有生产线对应的价格信息,选择新建的生产线计划生产的产品类型,单击"确认"按钮。

图 5-25 购租厂房

图 5-26 新建生产线

新建多条生产线时,无须退出该界面,可重复操作。例如,若超级手工线买价为 35W、建造期为 0,自动线买价为 150W、建造期为 3Q,柔性线买价为 200W、建造期为 4Q。

企业如果在第一年第一季度同时建造上述生产线,则第一季度新建生产线时需支付 135W(手工线 35W、自动线 50W、柔性线 50W),第二季度在建生产线时需支付 100W(自动线 50W、柔性线 50W),第三季度在建生产线时需支付 100W(自动线 50W、柔性线 50W),第四季度在建生产线时需支付 50W(柔性线 50W)。生产线建造过程如表 5-2 所示。

表 5-2 生产线建造过程

生产线	第一年一季	第一年二季	第一年三季	第一年四季	第二年一季	总投资额
手工线	35W 建成					35W
自动线	50W 在建	50W 在建	50W 在建	建成		150W
柔性线	50W 在建	50W 在建	50W 在建	50W 在建	建成	200W
当季投资总额	135W	100W	100W	50W		

(11) 在建生产线。

单击"在建生产线"按钮,系统弹出"在建生产线"对话框,如图 5-27 所示。对话框中显示需要继续投资建设的生产线的信息,勾选决定继续投资的生产线,单击"确认"按钮。

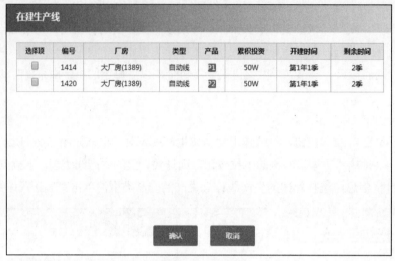

图 5-27　在建生产线

只有处在建造期的生产线才会在此对话框中显示,该对话框中会显示处于建造期的生产线的累计投资额、开建时间和剩余时间。

(12) 生产线转产。

单击"生产线转产"按钮,系统弹出"生产线转产"对话框,如图 5-28 所示。对话框中显示可以进行转产的生产线信息,勾选要转产的生产线及转产产品,单击"确认"按钮。

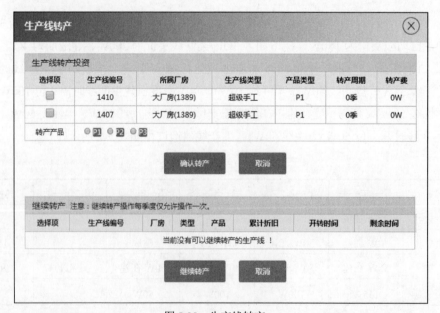

图 5-28　生产线转产

生产线建造时已经确定了生产的产品种类，但是在企业运营过程中，为了将不同的客户订单按时交货，可能会对生产线生产的产品进行适当的转产调整，或者企业战略调整也会面临生产线转产问题。生产线转产时要求该生产线处于待生产状态，否则不可进行转产操作。

转产时，不同生产线的转产费用和转产周期是有区别的，具体详见规则说明。当转产周期大于1Q时，下一季度单击"生产线转产"按钮，弹出的对话框中显示需要继续转产的生产线，勾选即继续投资转产，不勾选即中断转产。

例如，假定规则规定手工线转产周期为0、转产费用为0，若某手工线原定生产P1产品，现在需要转为生产P2产品，则转产时要求该手工线上没有在产产品方能转产，且转产当季即可上线生产新的P2产品，无须支付转产费用。假定规则规定半自动线转产周期为1Q、转产费用为1W，若某半自动线原定生产P1产品，现在需要转为生产P2产品，则转产时要求该半自动线上没有在产产品，且需进行一个季度的"生产线转产"操作后，方能上线生产新的P2产品，并支付相应的转产费用1W。

(13) 出售生产线。

单击"出售生产线"按钮，系统弹出"出售生产线"对话框，如图5-29所示。对话框中显示可以进行出售的生产线信息。勾选要出售的生产线，单击"确认"按钮。

选项	生产线编号	类型	开建时间	所属厂房	产品	净值	建成时间
☐	1407	超级手工(1407)	第1年1季	大厂房(1389)	P1	30	第1年1季
☐	1410	超级手工(1410)	第1年1季	大厂房(1389)	P1	30	第1年1季

图 5-29 出售生产线

生产线出售的前提是该生产线是空置的，即没有在生产产品。出售时按残值收取现金，按净值(生产线的原值减去累计折旧后的余额)与残值之间的差额计算企业损失，即已提足折旧的生产线不会产生出售损失，未提足折旧的生产线必然产生出售损失。

例如，假定半自动线建设期为1Q、原值为10W、净残值为2W、使用年限为4年，若某企业第一年第一季度开建一条半自动线，则该生产线系第一年第二季度建成，只要该生产线处于待生产状态即可进行出售。若建成后当年将其出售，则会收到2W现金，同时产生8W[(原值10W－累计折旧0)－净残值2W]损失，若第2年将其出售，则会收到2W现金，同时产生6W[(原值10W－累计折旧2W)－净残值2W]损失，以此类推。。

(14) 开始生产。

单击"开始生产"按钮,系统弹出"开始下一批生产"对话框,如图 5-30 所示。对话框中显示可以进行生产的生产线信息。勾选要投产的生产线,单击"确认"按钮。

图 5-30　开始生产

开始下一批生产时要保证相应的生产线空闲、产品完成研发、生产原料充足,以及投产用的现金足够,上述四个条件缺一不可。开始下一批生产操作时,系统会自动从原材料仓库领用相应的原材料,并从现金处扣除用于生产的人工费用。

(15) 应收款更新。

单击"应收款更新"按钮,系统弹出"应收款更新"对话框,如图 5-31 所示。

图 5-31　应收款更新

对于本季度尚未到期的应收款,系统会自动将其收账期减少一个季度。对于本季度到期的应收款,系统会自动计算并在"收现金额"中显示,单击"确认"按钮,系统自动增加企业的库存现金。

> 要点提示

- 更新应收款是每个季度的关键任务,只有更新完应收款,才能开启后续任务。因此即使没有本季到期的应收款,也要进行这项操作。
- 更新应收款后,之前的任务关闭,不得更改。

(16) 按订单交货。

单击"按订单交货"按钮,系统弹出"交货订单"对话框,如图 5-32 所示。对于本期交货的订单,单击"确认交货"按钮。

订单编号	市场	产品	数量	总价	得单年份	交货期	账期	ISO	操作
S211_01	本地	P1	4	208W	第2年	4季	1季	-	确认交货
S211_03	本地	P1	4	208W	第2年	4季	3季	-	确认交货
S211_04	本地	P1	2	96W	第2年	4季	2季	-	确认交货
S211_05	本地	P1	1	53W	第2年	4季	3季	-	确认交货
S211_06	本地	P1	4	201W	第2年	4季	1季	-	确认交货
S211_07	本地	P1	4	179W	第2年	4季	0季	-	确认交货
S211_10	本地	P1	2	96W	第2年	4季	2季	-	确认交货

图 5-32　交货订单

"交货订单"对话框中显示年初订货会上取得的所有客户订单。每张订单会提供销售收入总价、产品种类和数量、交货期、账期等信息。单击某订单的"确认交货"按钮后,在相应产品库存足够的情况下系统提示交货成功,否则系统会提示库存不足。订单交货后会收取相应的现金或产生相应的应收款。

所有订单均要求在当年第四季度结束前交货,如果不能按时交货不仅要取消该客户订单,而且要支付相应的违约金(违约金比率由教师在系统参数中设定)。

(17) 厂房处理。

单击"厂房处理"按钮,系统弹出"厂房处理"对话框,如图 5-33 所示。选择相应的处理方式,系统会自动显示符合处理条件的厂房以供选择。勾选厂房,单击"确认"按钮。

图 5-33　厂房处理

厂房处理方式包括卖出(买转租)、退租、租转买三种。

买转租操作针对原购入的厂房,实质上此操作包括两个环节,一是卖出厂房,二是将此厂房租回,卖出厂房将根据规则产生一定金额、一定账期的应收款(详见规则说明),租回厂房需支付相应的租金。

退租操作针对的是原租入的厂房。退租时要求厂房内无生产设备，若从上年支付租金时开始算，租期未满 1 年的，则无须支付退租当年的租金，反之，则需支付退租当年的租金。

租转买操作针对原租入的厂房，该操作实质上包括两个环节，一是退租，二是将该厂房买入。退租时当年租金是否需要支付租金上文已说明，购买厂房时需支付相应的购买价款。

例如，假定规则规定某大厂房购买价为 30W，租金为 4W/年。若企业欲将原购入的大厂房买转租，则会产生期限为 4Q、金额为 30W 的应收款，同时系统会在买转租时自动扣除厂房租金 4W。若企业于上年第二季度租入一个大厂房，如果在本年度第二季度结束前退租，则系统无须支付第二年度的厂房租金；如果在本年度第二季度结束后退租，则系统需扣除第二年度的厂房租金 4W。此操作要求该厂房内无生产设备。若企业欲租转买原租入的大厂房，则系统仍会在大厂房租入的对应季度扣除当年的租金，并且在租转买时支付大厂房的购买价款 30W。

(18) 产品研发。

单击"产品研发"按钮，系统弹出"产品研发"对话框，如图 5-34 所示。勾选需要研发的产品，单击"确认"按钮。系统自动扣除研发所需投入的现金。

图 5-34 产品研发

产品研发按照季度来投资。中间可以中断投资，直至产品研发完成。产品研发成功后方能生产相应的产品。

(19) 当季结束。

在每年的第一、二、三季度，单击"当季结束"按钮，系统会弹出"当季结束"对话框，如图 5-35 所示。当季结束时，系统会自动支付行政管理费、厂房续租租金，并检测产品开发完成情况。

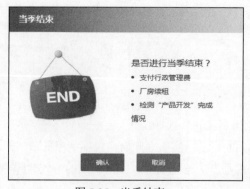

图 5-35 当季结束

(20) ISO 投资。

该操作只有每年第四季度才出现。单击“ISO 投资”按钮，系统弹出“ISO 投资”对话框，如图 5-36 所示。勾选需要投资的 ISO 资质，单击“确认”按钮。

ISO投资

选择项	ISO	投资费用	投资时间	剩余时间
☐	ISO9000	10W/年	2年	--
☐	ISO14000	20W/年	2年	--

确认　取消

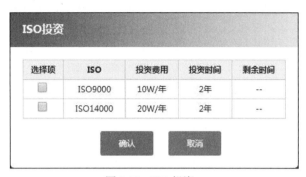

图 5-36　ISO 投资

ISO 投资包括 ISO 9000 质量认证和 ISO 14000 环保认证。企业若想在订货会上选取带有 ISO 认证的订单，必须取得相应的 ISO 认证资格，否则不能选取该订单。ISO 投资每年进行一次，可中断投资，直至 ISO 投资完成。

(21) 市场开拓。

单击“市场开拓”按钮，系统弹出“市场开拓”对话框，如图 5-37 所示。勾选需要研发开拓的市场，单击“确认”按钮。

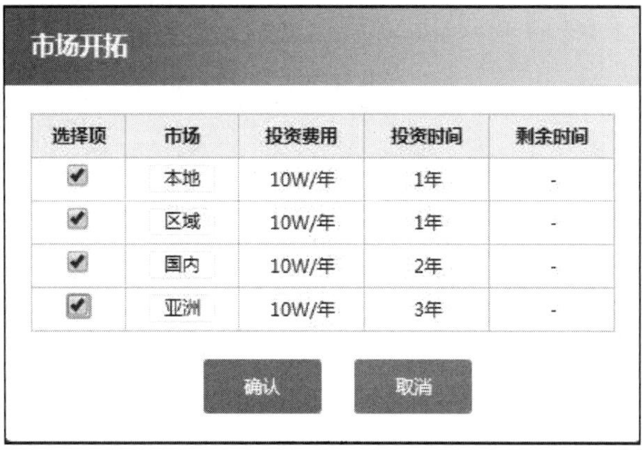
市场开拓

选择项	市场	投资费用	投资时间	剩余时间
☑	本地	10W/年	1年	-
☑	区域	10W/年	1年	-
☑	国内	10W/年	2年	-
☑	亚洲	10W/年	3年	-

确认　取消

图 5-37　市场开拓

市场开拓是企业进入相应市场投放广告、选取产品订单的前提。

(22) 当年结束。

每年第四季度，单击“当年结束”按钮，系统弹出“当年结束”对话框，如图 5-38 所示。了解当年结束时需要支付或更新的事项，单击“确认”按钮。

当年结束时，系统会自动支付行政管理费、厂房续租租金，检测产品开发完成情况、ISO 资格认证投资情况、新市场开拓完成情况，自动支付设备维修费，计提当年折旧，扣除产品违约订单的罚款。

图 5-38 当年结束

(23) 填写报表。

单击"填写报表"按钮,系统弹出"综合费用表"对话框,如图 5-39 所示。依次在综合费用表、利润表、资产负债表的编辑框内输入相应的计算数值,在填写过程中可单击"保存"按钮,暂时保存数据。完成后单击"提交"按钮,系统便会计算数值是否正确并在教师端公告信息中显示判断结果。

图 5-39 填写报表

综合费用表反映除财务费用之外的其他各项费用。其中的信息费是指企业为查看竞争对手的相关信息而支付的费用。

利润表反映企业当期的盈利情况。

资产负债表反映企业当期的财务状况。

4. 企业特殊经营任务

企业日常经营任务要按照既定的顺序执行，做好周密的计划才能确保各项工作有条不紊地进行。如果计划不周密，就可能引发到期无法偿还银行贷款、没有足够的原料开工生产等情况。遇到这类紧急事项，企业需要采取应急措施，这些紧急的任务可以不按常规运营顺序执行，可以随时执行，但大多要付出比日常任务更高的成本，以承担计划不周的过失。在新商战中，这类任务有如下几项。

(1) 贴现。

单击"贴现"按钮，系统弹出"贴现"对话框，对话框中显示各个季度可以贴现的应收款总额，如图 5-40 所示。选好贴现期，在"贴现额"列输入要贴现的金额。单击"确认"按钮，系统会根据选择的贴现期扣除不同贴息，将贴现金额转换为库存现金。

图 5-40 贴现

贴现是指提前收回未到期的应收款，因为该应收款并非正常到期收回，所以贴现时需支付相应的贴现利息。贴现利息＝贴现金额×贴现率，贴现率由教师在系统参数中设定。这一操作一般在企业短期存在现金短缺，且无法通过成本更低的正常贷款取得现金流时才考虑使用。

例如，假定某企业账期为 1Q 和 2Q 的应收款贴现率为 10%，账期为 3Q 和 4Q 的应收款贴现率为 12.5%。现将账期为 2Q、金额为 10W 的应收款和账期为 3Q、金额为 20W 的应收款同时贴现，则：

贴现利息＝10W×10%＋20W×12.5%＝3.5W≈4W(规则规定贴现利息一律向上取整)

实收金额＝10＋20－4＝26W。

贴现后收到的 26W，当即增加为企业现金，产生的贴现利息 4W，作为财务费用入账。

(2) 紧急采购。

单击“紧急采购”按钮，系统弹出“紧急采购”对话框，如图5-41所示。对话框中显示当前企业的原料、产品的库存数量，以及紧急采购价格。在“订购量”列输入数值，单击“确认采购”按钮。

紧急采购用于解决材料或产品临时短缺的问题，企业原材料订购不足或产品未能按时生产出来，均可能造成产品订单不能按时交货的情况，从而导致订单违约、失去该订单收入并支付违约损失。为避免该损失，企业可紧急采购少量的短缺原材料或产品，从而满足生产或交货的需要。紧急采购价一般比正常的采购价要高很多，具体数值由教师在系统参数中设定。

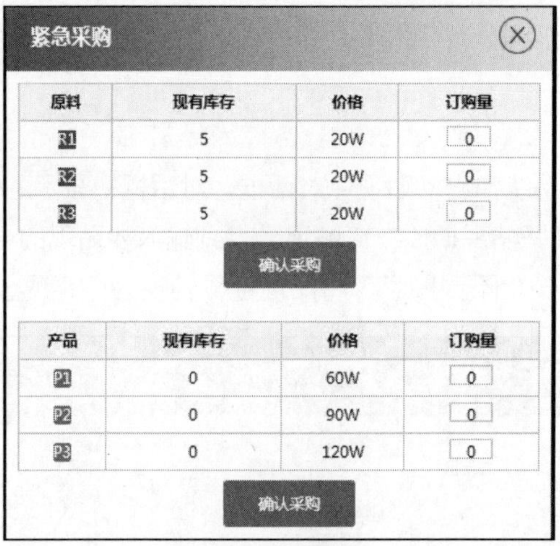
紧急采购

原料	现有库存	价格	订购量
R1	5	20W	0
R2	5	20W	0
R3	5	20W	0

确认采购

产品	现有库存	价格	订购量
P1	0	60W	0
P2	0	90W	0
P3	0	120W	0

确认采购

图5-41　紧急采购

(3) 出售库存。

单击“出售库存”按钮，系统弹出“出售库存”对话框，如图5-42所示。对话框中显示当前企业的原料、产品的库存数量，以及销售价格。在“出售数量”列输入要出售的数量，单击“出售产品”(或“出售原料”)按钮。

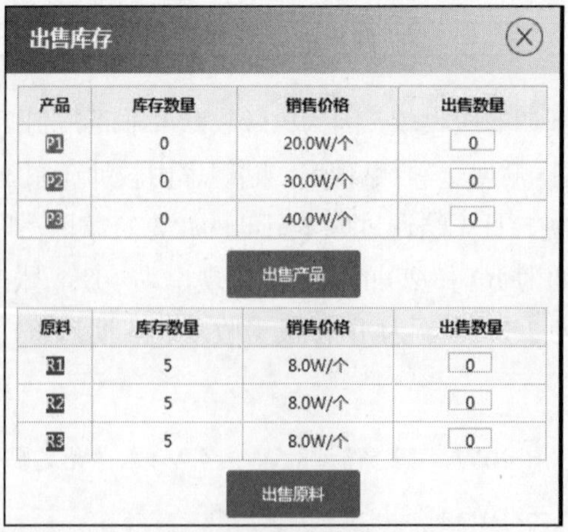
出售库存

产品	库存数量	销售价格	出售数量
P1	0	20.0W/个	0
P2	0	30.0W/个	0
P3	0	40.0W/个	0

出售产品

原料	库存数量	销售价格	出售数量
R1	5	8.0W/个	0
R2	5	8.0W/个	0
R3	5	8.0W/个	0

出售原料

图5-42　出售库存

企业一般只有在资金极度短缺时才会考虑出售库存。库存出售一般会在成本的基础上打折销售，出售价由教师在系统参数设置中设定。

(4) 厂房贴现。

单击“厂房贴现”按钮，系统弹出“厂房贴现”对话框，如图 5-43 所示。对话框中显示可以贴现的厂房信息，选择要贴现的厂房，单击“确认”按钮。系统会根据厂房的购买价格贴现。如果厂房中尚有生产线，需同时扣除该厂房的租金，保证厂房继续经营。

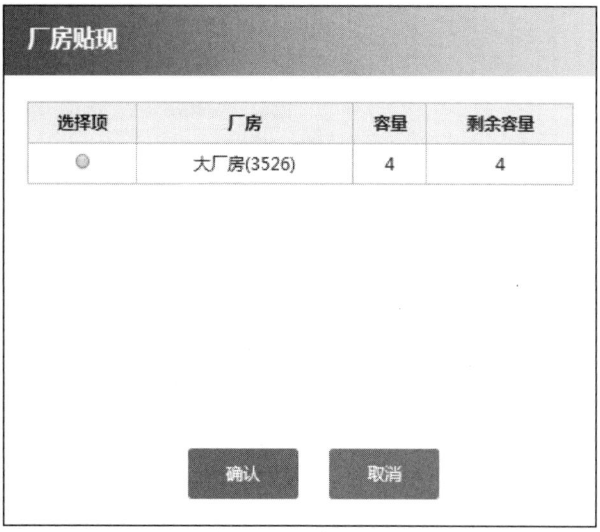

图 5-43 厂房贴现

厂房贴现实质上是将厂房卖出(买转租)产生的应收款直接贴现取得现金。它与厂房处理中的卖出(买转租)区别在于，“卖出(买转租)”操作时产生的应收款并未直接贴现，而厂房贴现则直接将卖出(买转租)产生的应收款直接贴现。

(5) 订单信息。

单击“订单信息”按钮，系统弹出“订单信息”对话框，如图 5-44 所示。对话框中显示当前企业所有年份获得的订单，用户可以查询每条订单的完成时间、状态等信息。

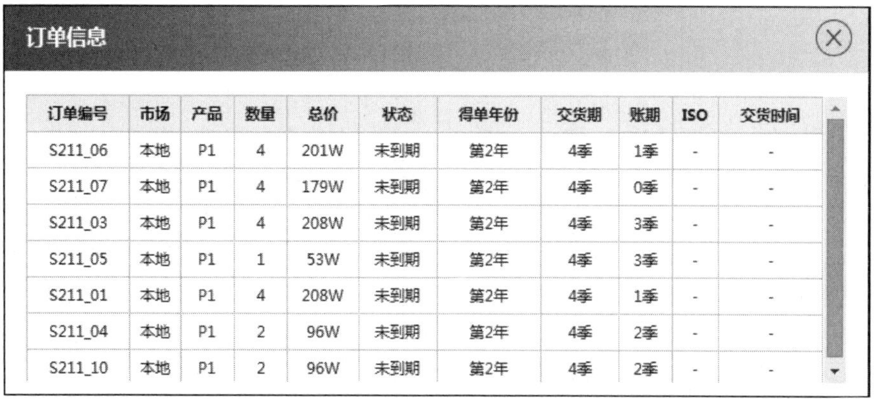

订单编号	市场	产品	数量	总价	状态	得单年份	交货期	账期	ISO	交货时间
S211_06	本地	P1	4	201W	未到期	第2年	4季	1季	-	-
S211_07	本地	P1	4	179W	未到期	第2年	4季	0季	-	-
S211_03	本地	P1	4	208W	未到期	第2年	4季	3季	-	-
S211_05	本地	P1	1	53W	未到期	第2年	4季	3季	-	-
S211_01	本地	P1	4	208W	未到期	第2年	4季	1季	-	-
S211_04	本地	P1	2	96W	未到期	第2年	4季	2季	-	-
S211_10	本地	P1	2	96W	未到期	第2年	4季	2季	-	-

图 5-44 订单信息

(6) 间谍。

单击"间谍"按钮，系统弹出"间谍"对话框，如图 5-45 所示。选择要查看的竞争对手，单击"确认下载"按钮。

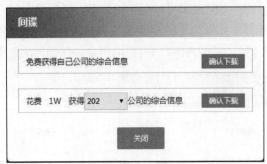

图 5-45　间谍

间谍对话框中可显示自己公司的信息和其他公司的信息两种，自己公司的信息可以免费获取，用户可以以 Excel 的形式查阅或保存企业经营数据；其他公司的信息，需支付教师在系统参数设置中设定的间谍费，才能以 Excel 的形式查询其他企业任意一组的数据。

> **要点提示**
>
> 间谍不得使用第三方下载工具(如迅雷、QQ 旋风等)下载。

一试身手

1. 相比第一阶段的 ERP 沙盘模拟，通过新商战电子沙盘实训，你又有哪些新的体会？

2. 在进行新商战电子沙盘实训时，有哪些需要注意的问题？

3. 新商战电子沙盘实训中，是否出现了企业破产的情况？是什么原因造成的？老师是如何处理的？报表中是如何体现的？

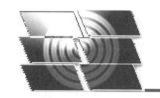

附录A
"ERP沙盘模拟"实训资料

激烈的企业模拟竞争就要开始了,六年中,跌宕起伏,有喜有悲,我们将充分走进自己所担任的管理角色的内心世界,体验每一次决策的成败得失。人生能有几回搏,把它记录下来吧,这将是人生中值得回味的一段记忆。

附录A中提供以下实训资料:
- 企业经营记录表。
- 计划表。
- 杜邦模型。
- 市场预测。
- 竞单表。

A-1 企业经营记录表

起始年企业经营记录表(1)

企业运营流程 请按顺序执行下列各项操作		每执行完一项工作，总经理在相应的方格内打钩； 会计主管在方格中填写现金收支记录				
年初	新年度规划会议					
	参加订货会/支付广告费/登记销售订单					
	制订新年度计划					
	支付应付税					
1	季初现金盘点(请填余额)					
2	更新短期贷款/还本付息/申请短期贷款(高利贷)					
3	更新应付款/归还应付款					
4	原材料入库/更新原料订单					
5	下原料订单					
6	更新生产/完工入库					
7	投资新生产线/变卖生产线/生产线转产					
8	向其他企业购买原材料/出售原材料					
9	开始下一批生产					
10	更新应收款/应收款收现					
11	出售厂房					
12	向其他企业购买成品/出售成品					
13	按订单交货					
14	产品研发投资					
15	支付行政管理费					
16	其他现金收支情况登记					
17	现金收入合计					
18	现金支出合计					
19	期末现金对账(请填余额)					
年末	支付利息/更新长期贷款/申请长期贷款					
	支付设备维护费					
	支付租金/购买厂房					
	计提折旧					( )
	新市场开拓/ISO 资格认证投资					
	结账					

起始年企业经营记录表(2)

操作顺序	任务清单	管理对象(P/R)							
		第一季度		第二季度		第三季度		第四季度	
1	季初(　)盘点数量								
2	更新短期贷款/还本付息/申请短期贷款								
3	更新应付款/归还应付款								
4	原材料入库/更新原料订单								
5	下原料订单								
6	更新生产/完工入库								
7	新生产线投资/变卖/转产								
8	向其他企业购买/出售原材料								
9	开始下一批生产								
10	更新应收款/应收款收现								
11	出售厂房								
12	向其他企业购买/出售成品								
13	按订单交货								
14	产品研发投资								
15	支付行政管理费								
16	其他现金收支情况登记								
17	本季(　)入库合计								
18	本季(　)出库合计								
19	季末(　)库存数量								

生产总监、采购总监、销售总监使用本表记录所管理的生产要素的变化情况,如采购总监管理原材料库存,可在任务清单中的括号内填入"原材料"字样,在生产要素中填入 R1、R2、R3、R4。原材料出库时,在相应的单元格内填入出库的数量(通常用"−"表示);入库时,填入入库的数量(通常用"+"表示)。

注:执行步骤按照任务清单的顺序号进行。

订单登记表

订单号										合计
市场										
产品										
数量										
账期										
销售额										
成本										
毛利										
交货日期										
罚款										

销售统计表

项目	P1	P2	P3	P4	合计
数量					
销售额					
成本					
毛利					

综合费用明细表

项目	金额	备注
管理费		
广告费		
维修费		
租金		
转产费		
市场开拓		□区域　□国内　□亚洲　□国际
ISO 资格认证		□ISO 9000　□ISO 14000
产品研发		P2(　) P3(　) P4(　)
其他		
合计		

利润表

项目	上年数	本年数
销售收入	35	
直接成本	12	
毛利	23	
综合费用	11	
折旧前利润	12	
折旧	4	
支付利息前利润	8	
财务收入/支出	4	
其他收入/支出		
税前利润	4	
所得税	1	
净利润	3	

资产负债表

资产	期初数	期末数	负债和所有者权益	期初数	期末数
流动资产：			负债：		
现金			长期负债		
应收款			短期负债		
在制品			应付账款		
成品			应交税金		
原料					
流动资产合计			负债合计		
固定资产：			所有者权益：		
土地和建筑			股东资本		
机器与设备			利润留存		
在建工程			年度净利		
固定资产合计			所有者权益合计		
资产总计			负债和所有者权益总计		

第一年企业经营记录表(1)

企业运营流程 请按顺序执行下列各项操作		每执行完一项工作，总经理在相应的方格内打钩；会计主管在方格中填写现金收支记录				
年初		新年度规划会议				
		参加订货会/支付广告费/登记销售订单				
		制订新年度计划				
		支付应付税				
1	季初现金盘点(请填余额)					
2	更新短期贷款/还本付息/申请短期贷款(高利贷)					
3	更新应付款/归还应付款					
4	原材料入库/更新原料订单					
5	下原料订单					
6	更新生产/完工入库					
7	投资新生产线/变卖生产线/生产线转产					
8	向其他企业购买原材料/出售原材料					
9	开始下一批生产					
10	更新应收款/应收款收现					
11	出售厂房					
12	向其他企业购买成品/出售成品					
13	按订单交货					
14	产品研发投资					
15	支付行政管理费					
16	其他现金收支情况登记					
17	现金收入合计					
18	现金支出合计					
19	期末现金对账(请填余额)					
年末		支付利息/更新长期贷款/申请长期贷款				
		支付设备维护费				
		支付租金/购买厂房				
		计提折旧				( )
		新市场开拓/ISO 资格认证投资				
		结账				

第一年企业经营记录表(2)

操作顺序	任务清单	管理对象(P/R)											
		第一季度			第二季度			第三季度			第四季度		
1	季初( )盘点数量												
2	更新短期贷款/还本付息/申请短期贷款												
3	更新应付款/归还应付款												
4	原材料入库/更新原料订单												
5	下原料订单												
6	更新生产/完工入库												
7	新生产线投资/变卖/转产												
8	向其他企业购买/出售原材料												
9	开始下一批生产												
10	更新应收款/应收款收现												
11	出售厂房												
12	向其他企业购买/出售成品												
13	按订单交货												
14	产品研发投资												
15	支付行政管理费												
16	其他现金收支情况登记												
17	本季( )入库合计												
18	本季( )出库合计												
19	季末( )库存数量												

生产总监、采购总监、销售总监使用本表记录所管理的生产要素的变化情况,如采购总监管理原材料库存,可在任务清单中的括号内填入"原材料"字样,在生产要素中填入 R1、R2、R3、R4。原材料出库时,在相应的单元格内填入出库的数量(通常用"-"表示);入库时,填入入库的数量(通常用"+"表示)。

注:执行步骤按照任务清单的顺序号进行。

现金预算表

项目	第一季度	第二季度	第三季度	第四季度
期初库存现金				
支付上年应交税				
市场广告投入				
贴现费用				
支付短期贷款利息				
支付到期短期贷款				
原料采购支付现金				
转产费用				
生产线投资				
支付加工费				
产品研发投资				
收到现金前的所有支出				
应收款到期				
支付管理费用				
支付长期贷款利息				
支付到期长期贷款				
设备维护费用				
租金				
购买新建筑				
市场开拓投资				
ISO 认证投资				
其他				
库存现金余额				

要点记录

第一季度：_____

第二季度：_____

第三季度：_____

第四季度：_____

订单登记表

订单号									合计
市场									
产品									
数量									
账期									
销售额									
成本									
毛利									
交货日期									
罚款									

组间交易明细表

第×年		买入			卖出			
交易方	交易季度	产品	数量	金额	产品	数量	金额	成本

销售统计表

项目	P1	P2	P3	P4	合计
数量					
销售额					
成本					
毛利					

综合费用明细表

项目	金额	备注
管理费		
广告费		
维修费		
租金		
转产费		
市场开拓		□区域　□国内　□亚洲　□国际
ISO 资格认证		□ISO 9000　　□ISO 14000
产品研发		P2(　)　P3(　)　P4(　)
其他		
合计		

利润表

项目	上年数	本年数
销售收入		
直接成本		
毛利		
综合费用		
折旧前利润		
折旧		
支付利息前利润		
财务收入/支出		
其他收入/支出		
税前利润		
所得税		
净利润		

资产负债表

资产	期初数	期末数	负债和所有者权益	期初数	期末数
流动资产：			负债：		
现金			长期负债		
应收款			短期负债		
在制品			应付账款		
成品			应交税金		
原料					
流动资产合计			负债合计		
固定资产：			所有者权益：		
土地和建筑			股东资本		
机器与设备			利润留存		
在建工程			年度净利		
固定资产合计			所有者权益合计		
资产总计			负债和所有者权益总计		

第一年总结

这是你们自主当家的第一年，感觉如何？是不是一个有收益的年度？你们的战略执行得怎么样？将你的感想记录下来并和你的团队分享。

掌握了哪些知识点？请记录下来。

企业经营遇到哪些问题？

下一年准备如何改进？

第二年企业经营记录表(1)

企业运营流程 请按顺序执行下列各项操作		每执行完一项工作，总经理在相应的方格内打钩； 会计主管在方格中填写现金收支记录				
年初	新年度规划会议					
	参加订货会/支付广告费/登记销售订单					
	制订新年度计划					
	支付应付税					
1	季初现金盘点(请填余额)					
2	更新短期贷款/还本付息/申请短期贷款(高利贷)					
3	更新应付款/归还应付款					
4	原材料入库/更新原料订单					
5	下原料订单					
6	更新生产/完工入库					
7	投资新生产线/变卖生产线/生产线转产					
8	向其他企业购买原材料/出售原材料					
9	开始下一批生产					
10	更新应收款/应收款收现					
11	出售厂房					
12	向其他企业购买成品/出售成品					
13	按订单交货					
14	产品研发投资					
15	支付行政管理费					
16	其他现金收支情况登记					
17	现金收入合计					
18	现金支出合计					
19	期末现金对账(请填余额)					
年末	支付利息/更新长期贷款/申请长期贷款					
	支付设备维护费					
	支付租金/购买厂房					
	计提折旧					( )
	新市场开拓/ISO 资格认证投资					
	结账					

第二年企业经营记录表(2)

操作顺序	生产总监、采购总监、销售总监使用本表记录所管理的生产要素的变化情况，如采购总监管理原材料库存，可在任务清单中的括号内填入"原材料"字样，在生产要素中填入 R1、R2、R3、R4。原材料出库时，在相应的单元格内填入出库的数量(通常用"-"表示)；入库时，填入入库的数量(通常用"+"表示)。 注：执行步骤按照任务清单的顺序号进行。									
	任务清单	管理对象(P/R)							
		第一季度		第二季度		第三季度		第四季度	
1	季初(　)盘点数量								
2	更新短期贷款/还本付息/申请短期贷款								
3	更新应付款/归还应付款								
4	原材料入库/更新原料订单								
5	下原料订单								
6	更新生产/完工入库								
7	新生产线投资/变卖/转产								
8	向其他企业购买/出售原材料								
9	开始下一批生产								
10	更新应收款/应收款收现								
11	出售厂房								
12	向其他企业购买/出售成品								
13	按订单交货								
14	产品研发投资								
15	支付行政管理费								
16	其他现金收支情况登记								
17	本季(　)入库合计								
18	本季(　)出库合计								
19	季末(　)库存数量								

现金预算表

项目	第一季度	第二季度	第三季度	第四季度
期初库存现金				
支付上年应交税				
市场广告投入				
贴现费用				
支付短期贷款利息				
支付到期短期贷款				
原料采购支付现金				
转产费用				
生产线投资				
支付加工费				
产品研发投资				
收到现金前的所有支出				
应收款到期				
支付管理费用				
支付长期贷款利息				
支付到期长期贷款				
设备维护费用				
租金				
购买新建筑				
市场开拓投资				
ISO 认证投资				
其他				
库存现金余额				

要点记录

第一季度：_____

第二季度：_____

第三季度：_____

第四季度：_____

订单登记表

订单号											合计
市场											
产品											
数量											
账期											
销售额											
成本											
毛利											
交货日期											
罚款											

组间交易明细表

第×年		买入			卖出			
交易方	交易季度	产品	数量	金额	产品	数量	金额	成本

销售统计表

项目	P1	P2	P3	P4	合计
数量					
销售额					
成本					
毛利					

综合费用明细表

项目	金额	备注
管理费		
广告费		
维修费		
租金		
转产费		
市场开拓		□区域　　□国内　　□亚洲　　□国际
ISO 资格认证		□ISO 9000　　□ISO 14000
产品研发		P2(　) 　P3(　)　 P4(　)
其他		
合计		

利润表

项目	上年数	本年数
销售收入		
直接成本		
毛利		
综合费用		
折旧前利润		
折旧		
支付利息前利润		
财务收入/支出		
其他收入/支出		
税前利润		
所得税		
净利润		

资产负债表

资产	期初数	期末数	负债和所有者权益	期初数	期末数
流动资产：			负债：		
现金			长期负债		
应收款			短期负债		
在制品			应付账款		
成品			应交税金		
原料					
流动资产合计			负债合计		
固定资产：			所有者权益：		
土地和建筑			股东资本		
机器与设备			利润留存		
在建工程			年度净利		
固定资产合计			所有者权益合计		
资产总计			负债和所有者权益总计		

第二年总结

现在已经是第二年了,你肯定有很多不同于第一年的感受,渐渐从感性走向理性。将你的感想记录下来并和你的团队分享。

掌握了哪些知识点?请记录下来。

企业经营遇到哪些问题?

下一年准备如何改进?

第三年企业经营记录表(1)

企业运营流程 请按顺序执行下列各项操作		每执行完一项工作，总经理在相应的方格内打钩； 会计主管在方格中填写现金收支记录				
年初	新年度规划会议					
	参加订货会/支付广告费/登记销售订单					
	制订新年度计划					
	支付应付税					
1	季初现金盘点(请填余额)					
2	更新短期贷款/还本付息/申请短期贷款(高利贷)					
3	更新应付款/归还应付款					
4	原材料入库/更新原料订单					
5	下原料订单					
6	更新生产/完工入库					
7	投资新生产线/变卖生产线/生产线转产					
8	向其他企业购买原材料/出售原材料					
9	开始下一批生产					
10	更新应收款/应收款收现					
11	出售厂房					
12	向其他企业购买成品/出售成品					
13	按订单交货					
14	产品研发投资					
15	支付行政管理费					
16	其他现金收支情况登记					
17	现金收入合计					
18	现金支出合计					
19	期末现金对账(请填余额)					
年末	支付利息/更新长期贷款/申请长期贷款					
	支付设备维护费					
	支付租金/购买厂房					
	计提折旧					( )
	新市场开拓/ISO 资格认证投资					
	结账					

第三年企业经营记录表(2)

操作顺序	任务清单	管理对象(P/R)							
		第一季度		第二季度		第三季度		第四季度	

生产总监、采购总监、销售总监使用本表记录所管理的生产要素的变化情况,如采购总监管理原材料库存,可在任务清单中的括号内填入"原材料"字样,在生产要素中填入 R1、R2、R3、R4。原材料出库时,在相应的单元格内填入出库的数量(通常用"-"表示);入库时,填入入库的数量(通常用"+"表示)。

注:执行步骤按照任务清单的顺序号进行。

操作顺序	任务清单	第一季度		第二季度		第三季度		第四季度	
1	季初( )盘点数量								
2	更新短期贷款/还本付息/申请短期贷款								
3	更新应付款/归还应付款								
4	原材料入库/更新原料订单								
5	下原料订单								
6	更新生产/完工入库								
7	新生产线投资/变卖/转产								
8	向其他企业购买/出售原材料								
9	开始下一批生产								
10	更新应收款/应收款收现								
11	出售厂房								
12	向其他企业购买/出售成品								
13	按订单交货								
14	产品研发投资								
15	支付行政管理费								
16	其他现金收支情况登记								
17	本季( )入库合计								
18	本季( )出库合计								
19	季末( )库存数量								

现金预算表

项目	第一季度	第二季度	第三季度	第四季度
期初库存现金				
支付上年应交税				
市场广告投入				
贴现费用				
支付短期贷款利息				
支付到期短期贷款				
原料采购支付现金				
转产费用				
生产线投资				
支付加工费				
产品研发投资				
收到现金前的所有支出				
应收款到期				
支付管理费用				
支付长期贷款利息				
支付到期长期贷款				
设备维护费用				
租金				
购买新建筑				
市场开拓投资				
ISO 认证投资				
其他				
库存现金余额				

要点记录

第一季度：_____

第二季度：_____

第三季度：_____

第四季度：_____

订单登记表

订单号											合计
市场											
产品											
数量											
账期											
销售额											
成本											
毛利											
交货日期											
罚款											

组间交易明细表

第×年		买入			卖出			
交易方	交易季度	产品	数量	金额	产品	数量	金额	成本

销售统计表

项目	P1	P2	P3	P4	合计
数量					
销售额					
成本					
毛利					

综合费用明细表

项目	金额	备注
管理费		
广告费		
维修费		
租金		
转产费		
市场开拓		□区域　□国内　□亚洲　□国际
ISO 资格认证		□ISO 9000　□ISO 14000
产品研发		P2(　)　P3(　)　P4(　)
其他		
合计		

利润表

项目	上年数	本年数
销售收入		
直接成本		
毛利		
综合费用		
折旧前利润		
折旧		
支付利息前利润		
财务收入/支出		
其他收入/支出		
税前利润		
所得税		
净利润		

资产负债表

资产	期初数	期末数	负债和所有者权益	期初数	期末数
流动资产：			负债：		
现金			长期负债		
应收款			短期负债		
在制品			应付账款		
成品			应交税金		
原料					
流动资产合计			负债合计		
固定资产：			所有者权益：		
土地和建筑			股东资本		
机器与设备			利润留存		
在建工程			年度净利		
固定资产合计			所有者权益合计		
资产总计			负债和所有者权益总计		

第三年总结

三年的时间是一个很长的时间跨度,回过头审视你们的战略是否成功。对产品和市场进行一次精确的分析有助于发现你们的利润在哪里。

掌握了哪些知识点?请记录下来。
企业经营遇到哪些问题?
面向未来的三年,你准备如何扬长避短,超越竞争对手?

第四年企业经营记录表(1)

企业运营流程 请按顺序执行下列各项操作		每执行完一项工作,总经理在相应的方格内打钩; 会计主管在方格中填写现金收支记录				
年初	新年度规划会议					
	参加订货会/支付广告费/登记销售订单					
	制订新年度计划					
	支付应付税					
1	季初现金盘点(请填余额)					
2	更新短期贷款/还本付息/申请短期贷款(高利贷)					
3	更新应付款/归还应付款					
4	原材料入库/更新原料订单					
5	下原料订单					
6	更新生产/完工入库					
7	投资新生产线/变卖生产线/生产线转产					
8	向其他企业购买原材料/出售原材料					
9	开始下一批生产					
10	更新应收款/应收款收现					
11	出售厂房					
12	向其他企业购买成品/出售成品					
13	按订单交货					
14	产品研发投资					
15	支付行政管理费					
16	其他现金收支情况登记					
17	现金收入合计					
18	现金支出合计					
19	期末现金对账(请填余额)					
年末	支付利息/更新长期贷款/申请长期贷款					
	支付设备维护费					
	支付租金/购买厂房					
	计提折旧					( )
	新市场开拓/ISO 资格认证投资					
	结账					

第四年企业经营记录表(2)

操作顺序	生产总监、采购总监、销售总监使用本表记录所管理的生产要素的变化情况,如采购总监管理原材料库存,可在任务清单中的括号内填入"原材料"字样,在生产要素中填入 R1、R2、R3、R4。原材料出库时,在相应的单元格内填入出库的数量(通常用"−"表示);入库时,填入入库的数量(通常用"+"表示)。 注:执行步骤按照任务清单的顺序号进行。								
	任务清单	管理对象(P/R)							
		第一季度		第二季度		第三季度		第四季度	
1	季初( )盘点数量								
2	更新短期贷款/还本付息/申请短期贷款								
3	更新应付款/归还应付款								
4	原材料入库/更新原料订单								
5	下原料订单								
6	更新生产/完工入库								
7	新生产线投资/变卖/转产								
8	向其他企业购买/出售原材料								
9	开始下一批生产								
10	更新应收款/应收款收现								
11	出售厂房								
12	向其他企业购买/出售成品								
13	按订单交货								
14	产品研发投资								
15	支付行政管理费								
16	其他现金收支情况登记								
17	本季( )入库合计								
18	本季( )出库合计								
19	季末( )库存数量								

现金预算表

项目	第一季度	第二季度	第三季度	第四季度
期初库存现金				
支付上年应交税				
市场广告投入				
贴现费用				
支付短期贷款利息				
支付到期短期贷款				
原料采购支付现金				
转产费用				
生产线投资				
支付加工费				
产品研发投资				
收到现金前的所有支出				
应收款到期				
支付管理费用				
支付长期贷款利息				
支付到期长期贷款				
设备维护费用				
租金				
购买新建筑				
市场开拓投资				
ISO 认证投资				
其他				
库存现金余额				

要点记录

第一季度：_____

第二季度：_____

第三季度：_____

第四季度：_____

订单登记表

订单号										合计
市场										
产品										
数量										
账期										
销售额										
成本										
毛利										
交货日期										
罚款										

组间交易明细表

第×年		买入			卖出			
交易方	交易季度	产品	数量	金额	产品	数量	金额	成本

销售统计表

项目	P1	P2	P3	P4	合计
数量					
销售额					
成本					
毛利					

综合费用明细表

项目	金额	备注
管理费		
广告费		
维修费		
租金		
转产费		
市场开拓		□区域　□国内　□亚洲　□国际
ISO 资格认证		□ISO 9000　　□ISO 14000
产品研发		P2(　) P3(　) P4(　)
其他		
合计		

利润表

项目	上年数	本年数
销售收入		
直接成本		
毛利		
综合费用		
折旧前利润		
折旧		
支付利息前利润		
财务收入/支出		
其他收入/支出		
税前利润		
所得税		
净利润		

资产负债表

资产	期初数	期末数	负债和所有者权益	期初数	期末数
流动资产：			负债：		
现金			长期负债		
应收款			短期负债		
在制品			应付账款		
成品			应交税金		
原料					
流动资产合计			负债合计		
固定资产：			所有者权益：		
土地和建筑			股东资本		
机器与设备			利润留存		
在建工程			年度净利		
固定资产合计			所有者权益合计		
资产总计			负债和所有者权益总计		

第四年总结

又一个新的三年开始了,三年的管理经验已使你今非昔比。如何有效利用资源、扩大市场份额、提升利润,是管理者必须关注的。

掌握了哪些知识点?请记录下来。

企业经营遇到哪些问题?

下一年准备如何改进?

第五年企业经营记录表(1)

企业运营流程 请按顺序执行下列各项操作		每执行完一项工作，总经理在相应的方格内打钩； 会计主管在方格中填写现金收支记录				
年初	新年度规划会议					
	参加订货会/支付广告费/登记销售订单					
	制订新年度计划					
	支付应付税					
1	季初现金盘点(请填余额)					
2	更新短期贷款/还本付息/申请短期贷款(高利贷)					
3	更新应付款/归还应付款					
4	原材料入库/更新原料订单					
5	下原料订单					
6	更新生产/完工入库					
7	投资新生产线/变卖生产线/生产线转产					
8	向其他企业购买原材料/出售原材料					
9	开始下一批生产					
10	更新应收款/应收款收现					
11	出售厂房					
12	向其他企业购买成品/出售成品					
13	按订单交货					
14	产品研发投资					
15	支付行政管理费					
16	其他现金收支情况登记					
17	现金收入合计					
18	现金支出合计					
19	期末现金对账(请填余额)					
年末	支付利息/更新长期贷款/申请长期贷款					
	支付设备维护费					
	支付租金/购买厂房					
	计提折旧					( )
	新市场开拓/ISO 资格认证投资					
	结账					

第五年企业经营记录表(2)

操作顺序	任务清单	管理对象(P/R)											
		第一季度			第二季度			第三季度			第四季度		
1	季初(　　)盘点数量												
2	更新短期贷款/还本付息/申请短期贷款												
3	更新应付款/归还应付款												
4	原材料入库/更新原料订单												
5	下原料订单												
6	更新生产/完工入库												
7	新生产线投资/变卖/转产												
8	向其他企业购买/出售原材料												
9	开始下一批生产												
10	更新应收款/应收款收现												
11	出售厂房												
12	向其他企业购买/出售成品												
13	按订单交货												
14	产品研发投资												
15	支付行政管理费												
16	其他现金收支情况登记												
17	本季(　　)入库合计												
18	本季(　　)出库合计												
19	季末(　　)库存数量												

说明:生产总监、采购总监、销售总监使用本表记录所管理的生产要素的变化情况,如采购总监管理原材料库存,可在任务清单中的括号内填入"原材料"字样,在生产要素中填入 R1、R2、R3、R4。原材料出库时,在相应的单元格内填入出库的数量(通常用"-"表示);入库时,填入入库的数量(通常用"+"表示)。

注:执行步骤按照任务清单的顺序号进行。

现金预算表

项目	第一季度	第二季度	第三季度	第四季度
期初库存现金				
支付上年应交税				
市场广告投入				
贴现费用				
支付短期贷款利息				
支付到期短期贷款				
原料采购支付现金				
转产费用				
生产线投资				
支付加工费				
产品研发投资				
收到现金前的所有支出				
应收款到期				
支付管理费用				
支付长期贷款利息				
支付到期长期贷款				
设备维护费用				
租金				
购买新建筑				
市场开拓投资				
ISO 认证投资				
其他				
库存现金余额				

要点记录

第一季度：＿＿＿＿＿＿＿＿＿＿＿＿＿＿＿＿＿＿＿＿＿＿＿＿＿＿＿＿＿＿＿＿

第二季度：＿＿＿＿＿＿＿＿＿＿＿＿＿＿＿＿＿＿＿＿＿＿＿＿＿＿＿＿＿＿＿＿

第三季度：＿＿＿＿＿＿＿＿＿＿＿＿＿＿＿＿＿＿＿＿＿＿＿＿＿＿＿＿＿＿＿＿

第四季度：＿＿＿＿＿＿＿＿＿＿＿＿＿＿＿＿＿＿＿＿＿＿＿＿＿＿＿＿＿＿＿＿

订单登记表

订单号											合计
市场											
产品											
数量											
账期											
销售额											
成本											
毛利											
交货日期											
罚款											

组间交易明细表

第×年		买入			卖出			
交易方	交易季度	产品	数量	金额	产品	数量	金额	成本

销售统计表

项目	P1	P2	P3	P4	合计
数量					
销售额					
成本					
毛利					

综合费用明细表

项目	金额	备注
管理费		
广告费		
维修费		
租金		
转产费		
市场开拓		□区域　□国内　□亚洲　□国际
ISO 资格认证		□ISO 9000　□ISO 14000
产品研发		P2(　) P3(　) P4(　)
其他		
合计		

利润表

项目	上年数	本年数
销售收入		
直接成本		
毛利		
综合费用		
折旧前利润		
折旧		
支付利息前利润		
财务收入/支出		
其他收入/支出		
税前利润		
所得税		
净利润		

资产负债表

资产	期初数	期末数	负债和所有者权益	期初数	期末数
流动资产：			负债：		
现金			长期负债		
应收款			短期负债		
在制品			应付账款		
成品			应交税金		
原料					
流动资产合计			负债合计		
固定资产：			所有者权益：		
土地和建筑			股东资本		
机器与设备			利润留存		
在建工程			年度净利		
固定资产合计			所有者权益合计		
资产总计			负债和所有者权益总计		

第五年总结

管理是科学,更是艺术。你已经走过了五年,一定有很多深刻的体会,那就"一吐为快"吧。

掌握了哪些知识点?请记录下来。

企业经营遇到哪些问题?

下一年准备如何改进?

第六年企业经营记录表(1)

企业运营流程 请按顺序执行下列各项操作		每执行完一项工作，总经理在相应的方格内打钩； 会计主管在方格中填写现金收支记录				
年初	新年度规划会议					
	参加订货会/支付广告费/登记销售订单					
	制订新年度计划					
	支付应付税					
1	季初现金盘点(请填余额)					
2	更新短期贷款/还本付息/申请短期贷款(高利贷)					
3	更新应付款/归还应付款					
4	原材料入库/更新原料订单					
5	下原料订单					
6	更新生产/完工入库					
7	投资新生产线/变卖生产线/生产线转产					
8	向其他企业购买原材料/出售原材料					
9	开始下一批生产					
10	更新应收款/应收款收现					
11	出售厂房					
12	向其他企业购买成品/出售成品					
13	按订单交货					
14	产品研发投资					
15	支付行政管理费					
16	其他现金收支情况登记					
17	现金收入合计					
18	现金支出合计					
19	期末现金对账(请填余额)					
年末	支付利息/更新长期贷款/申请长期贷款					
	支付设备维护费					
	支付租金/购买厂房					
	计提折旧					( )
	新市场开拓/ISO 资格认证投资					
	结账					

第六年企业经营记录表(2)

操作顺序	任务清单	管理对象(P/R)							
		第一季度		第二季度		第三季度		第四季度	
1	季初( )盘点数量								
2	更新短期贷款/还本付息/申请短期贷款								
3	更新应付款/归还应付款								
4	原材料入库/更新原料订单								
5	下原料订单								
6	更新生产/完工入库								
7	新生产线投资/变卖/转产								
8	向其他企业购买/出售原材料								
9	开始下一批生产								
10	更新应收款/应收款收现								
11	出售厂房								
12	向其他企业购买/出售成品								
13	按订单交货								
14	产品研发投资								
15	支付行政管理费								
16	其他现金收支情况登记								
17	本季( )入库合计								
18	本季( )出库合计								
19	季末( )库存数量								

操作顺序注:生产总监、采购总监、销售总监使用本表记录所管理的生产要素的变化情况,如采购总监管理原材料库存,可在任务清单中的括号内填入"原材料"字样,在生产要素中填入 R1、R2、R3、R4。原材料出库时,在相应的单元格内填入出库的数量(通常用"-"表示);入库时,填入入库的数量(通常用"+"表示)。
注:执行步骤按照任务清单的顺序号进行。

现金预算表

项目	第一季度	第二季度	第三季度	第四季度
期初库存现金				
支付上年应交税				
市场广告投入				
贴现费用				
支付短期贷款利息				
支付到期短期贷款				
原料采购支付现金				
转产费用				
生产线投资				
支付加工费				
产品研发投资				
收到现金前的所有支出				
应收款到期				
支付管理费用				
支付长期贷款利息				
支付到期长期贷款				
设备维护费用				
租金				
购买新建筑				
市场开拓投资				
ISO 认证投资				
其他				
库存现金余额				

要点记录

第一季度：_____

第二季度：_____

第三季度：_____

第四季度：_____

订单登记表

订单号											合计
市场											
产品											
数量											
账期											
销售额											
成本											
毛利											
交货日期											
罚款											

组间交易明细表

第×年		买入			卖出			
交易方	交易季度	产品	数量	金额	产品	数量	金额	成本

销售统计表

项目	P1	P2	P3	P4	合计
数量					
销售额					
成本					
毛利					

综合费用明细表

项目	金额	备注
管理费		
广告费		
维修费		
租金		
转产费		
市场开拓		□区域　□国内　□亚洲　□国际
ISO 资格认证		□ISO 9000　□ISO 14000
产品研发		P2(　)　P3(　)　P4(　)
其他		
合计		

利润表

项目	上年数	本年数
销售收入		
直接成本		
毛利		
综合费用		
折旧前利润		
折旧		
支付利息前利润		
财务收入/支出		
其他收入/支出		
税前利润		
所得税		
净利润		

资产负债表

资产	期初数	期末数	负债和所有者权益	期初数	期末数
流动资产：			负债：		
现金			长期负债		
应收款			短期负债		
在制品			应付账款		
成品			应交税金		
原料					
流动资产合计			负债合计		
固定资产：			所有者权益：		
土地和建筑			股东资本		
机器与设备			利润留存		
在建工程			年度净利		
固定资产合计			所有者权益合计		
资产总计			负债和所有者权益总计		

第六年总结

培训结束了,你是否有意犹未尽的感觉?结束也意味着新的开始,好好回顾一下,在整个过程中,你最主要的收获是什么?对于课程有哪些建议或希望?

你经营得如何?成绩怎么样?

企业	成绩
A	
B	
C	
D	
E	
F	

本次培训你印象最深的内容有哪些?

你最主要的收获是什么?有哪些教训愿意和他人分享?

你认为决定企业经营成败的最关键的因素是什么?为什么?

有什么希望和建议?

A-2 计划表

产品生产及设备投资计划编制举例

生产线		第一年				第二年				第三年			
		第一季度	第二季度	第三季度	第四季度	第一季度	第二季度	第三季度	第四季度	第一季度	第二季度	第三季度	第四季度
1 手工线	产品生产			P1			P1		P2				
	设备投资		P1										
2 手工线	产品生产		4	4	4	4	P2	P2	P2	P2	P2	P2	
	设备投资	P1											
3 手工线	产品生产		P1	4	P1		P1				P1		
	设备投资												
4 半自动线	产品生产	R1			1		—	—	P2	P2	P2	P2	
	设备投资												
5 半自动线	产品生产												
	设备投资				5								
6 半自动线	产品生产												
	设备投资												
7 半自动线	产品生产												
	设备投资												
合计	完工产品	1P1	2P1	1P1	2P1	1P1	1P1	1P1+1P2	2P2	1P2	1P1+3P2	1P2	
	设备投资				4	4	4	4					

说明：
"产品生产"行代表产品何时能够下线或上线（向下的指示线表示产品下线，向上的指示线表示产品上线）；"—"表示停产。
"设备投资"行代表设备投资与转产，可以清晰地表示出开始投资期、建设期和投资额、转产周期、转产费用和转产产品。

开工计划和需要支付的加工费、材料采购及付款计划编制举例

生产线		第一年				第二年				第三年			
		第一季度	第二季度	第三季度	第四季度	第一季度	第二季度	第三季度	第四季度	第一季度	第二季度	第三季度	第四季度
1 手工线	开工产品			P1									
	加工费			1									
2 手工线	开工产品							P2	P2	P2	P2		
	加工费							1	2	1	2	1	
3 手工线	开工产品	P1			P1			P1			P1		
	加工费	1			1			1			1		
4 半自动线	开工产品		P1				P2		P2		P2		
	加工费		1				1		1		1		
5 半自动线	开工产品												
	加工费												
6 半自动线	开工产品												
	加工费												
7 半自动线	开工产品												
	加工费												
生产合计	开工产品	1P1	1P1	1P1	1P1		2P2	1P1+1P2	3P2	1P2	1P1+3P2	1P2	
	加工费	1	1	1	1		2	2	4	1	5	1	
采购合计	材料品种	1R1	1R1	1R1		2R1+2R2	2R1+1R2	3R1+3R2	1R1+1R2	4R1+3R2	1R1+1R2		
	付款	1	1	1		4	3	6	2	7	2		

-163-

产品生产及设备投资计划编制(第一～第三年)

生产线		第一年				第二年				第三年			
		第一季度	第二季度	第三季度	第四季度	第一季度	第二季度	第三季度	第四季度	第一季度	第二季度	第三季度	第四季度
1 手工线	产品生产												
	设备投资												
2 手工线	产品生产												
	设备投资												
3 手工线	产品生产												
	设备投资												
4 半自动线	产品生产												
	设备投资												
5 半自动线	产品生产												
	设备投资												
6 半自动线	产品生产												
	设备投资												
7 半自动线	产品生产												
	设备投资												
8 半自动线	产品生产												
	设备投资												
合计	完工产品												
	设备投资												

开工计划和需要支付的加工费、材料采购及付款计划编制（第一~第三年）

生产线		第一年				第二年				第三年			
		第一季度	第二季度	第三季度	第四季度	第一季度	第二季度	第三季度	第四季度	第一季度	第二季度	第三季度	第四季度
1 手工线	开工产品												
	加工费												
2 手工线	开工产品												
	加工费												
3 手工线	开工产品												
	加工费												
4 半自动线	开工产品												
	加工费												
5 半自动线	开工产品												
	加工费												
6 半自动线	开工产品												
	加工费												
7 半自动线	开工产品												
	加工费												
8 半自动线	开工产品												
	加工费												
生产合计	开工产品												
	加工费												
采购合计	材料品种												
	付款												

产品生产及设备投资计划编制(第四~第六年)

生产线		第四年				第五年				第六年			
		第一季度	第二季度	第三季度	第四季度	第一季度	第二季度	第三季度	第四季度	第一季度	第二季度	第三季度	第四季度
1 手工线	产品生产												
	设备投资												
2 手工线	产品生产												
	设备投资												
3 手工线	产品生产												
	设备投资												
4 半自动线	产品生产												
	设备投资												
5 半自动线	产品生产												
	设备投资												
6 半自动线	产品生产												
	设备投资												
7 半自动线	产品生产												
	设备投资												
8 半自动线	产品生产												
	设备投资												
合计	完工产品												
	设备投资												

开工计划和需要支付的加工费、材料采购及付款计划编制（第四~第六年）

生产线		第四年				第五年				第六年			
		第一季度	第二季度	第三季度	第四季度	第一季度	第二季度	第三季度	第四季度	第一季度	第二季度	第三季度	第四季度
1 手工线	开工产品												
	加工费												
2 手工线	开工产品												
	加工费												
3 手工线	开工产品												
	加工费												
4 半自动线	开工产品												
	加工费												
5 半自动线	开工产品												
	加工费												
6 半自动线	开工产品												
	加工费												
7 半自动线	开工产品												
	加工费												
8 半自动线	开工产品												
	加工费												
生产合计	开工产品												
	加工费												
采购合计	材料品种												
	付款												

A-3 杜邦模型

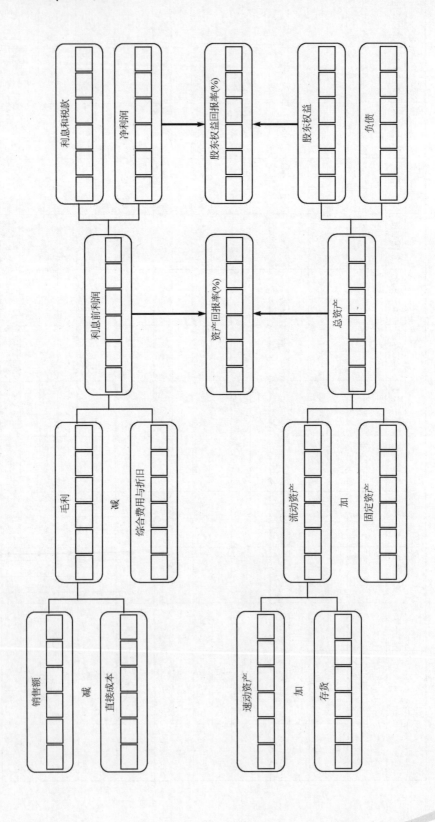

A-4 市场预测

这是一家权威的市场调研机构对未来六年里各个市场的需求所做的预测，应该说这一预测有着很高的可信度。但根据这一预测进行企业的经营运作，其后果将由各企业自行承担。

P1 产品是目前市场上的主流产品，P2 是 P1 的技术改良产品，也比较容易获得大众的认同。

P3 和 P4 产品作为 P 系列产品里的高端产品，各个市场对它们的认同度不尽相同，需求量与价格也有较大的差异。

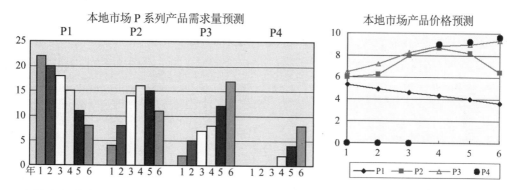

本地市场将会持续发展，客户对低端产品的需求可能要下降。伴随着需求的减少，低端产品的价格很有可能会逐渐走低。后期，随着高端产品的成熟，市场对 P3、P4 产品的需求将会逐渐增大。同时随着时间的推移，客户的质量意识将不断提高，后期可能会对厂商是否通过了 ISO 9000 认证和 ISO 14000 认证有要求。

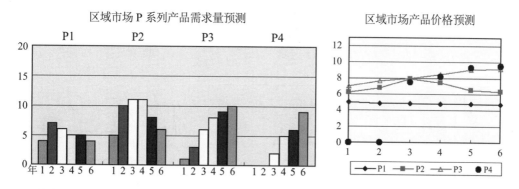

区域市场的客户对 P 系列产品的喜好相对稳定，因此市场需求量的波动可能会比较小。因其紧邻本地市场，所以产品需求量的走势可能与本地市场相似，价格趋势也会大致相同。该市场的客户比较乐于接受新的事物，因此对高端产品也会比较感兴趣，但由于地域的限制，该市场的需求总量不是很高，而且这个市场上的客户相对比较挑剔，因此，后期客户会对厂商是否通过了 ISO 9000 和 ISO 14000 认证有要求。

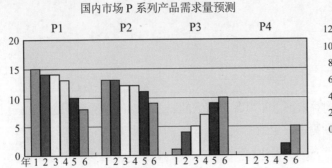
国内市场 P 系列产品需求量预测

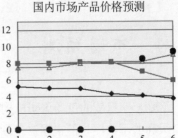
国内市场产品价格预测

因 P1 产品带有较浓的地域色彩，国内市场可能对 P1 产品不会有持久的需求。但 P2 产品因为更适合于国内市场，所以需求可能会一直比较平稳。随着对 P 系列产品新技术的逐渐认同，对 P3 产品的需求可能会逐渐提高，但这个市场上的客户对 P4 产品却并不是那么认同。当然，对于高端产品来说，客户一定会更注重产品的质量保证。

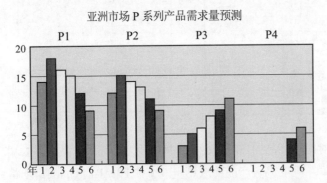
亚洲市场 P 系列产品需求量预测

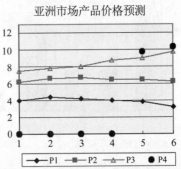
亚洲市场产品价格预测

亚洲市场上的客户喜好一向波动较大，不易把握，所以对 P1 产品的需求可能起伏较大，P2 产品的需求走势可能也会与 P1 相似。但该市场对新产品很敏感，因此对 P3、P4 产品的需求可能会发展较快，产品的价格也可能会有所升高。另外，这个市场的消费者很看重产品的质量，所以在今后几年里，如果厂商没有通过 ISO 9000 和 ISO 14000 的认证，其产品可能很难销售。

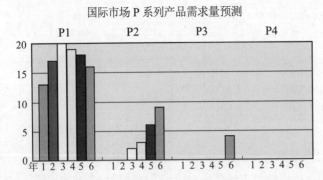
国际市场 P 系列产品需求量预测

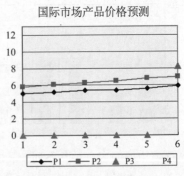
国际市场产品价格预测

进入国际市场可能需要一个较长的时期。有迹象表明，目前这一市场上的客户对 P1 产品已经有所认同，需求也会比较旺盛。对于 P2 产品，客户将会谨慎地接受，但仍需要一段时间才能被市场所接受。对于新兴的技术，这一市场上的客户将会以观望为主，因此对于 P3 和 P4 产品的需求将会发展极慢。因为产品需求主要集中在低端，所以客户对于 ISO 的要求并不如其他几个市场那么高，但也不排除在后期会有这方面的需求。

A-5 竞单表

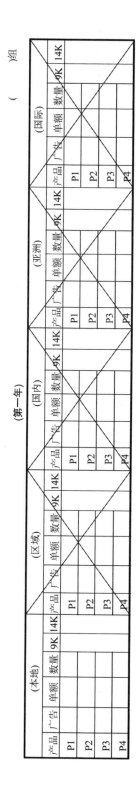

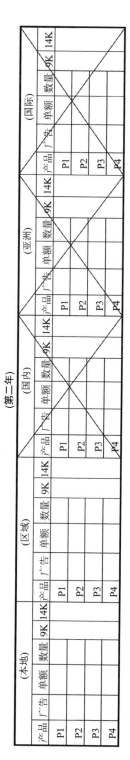

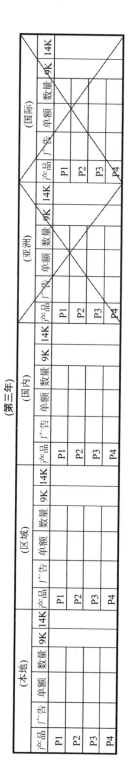

(　　)组

第四年

产品	本地			区域			国内			亚洲			国际		
广告	单额	数量		单额	数量		单额	数量		单额	数量		单额	数量	
		9K	14K		9K	14K		9K	14K		9K	14K		9K	14K
P1														✕	✕
P2														✕	✕
P3														✕	✕
P4														✕	✕

第五年

产品	本地			区域			国内			亚洲			国际		
广告	单额	数量		单额	数量		单额	数量		单额	数量		单额	数量	
		9K	14K		9K	14K		9K	14K		9K	14K		9K	14K
P1															
P2															
P3															
P4															

第六年

产品	本地			区域			国内			亚洲			国际		
广告	单额	数量		单额	数量		单额	数量		单额	数量		单额	数量	
		9K	14K		9K	14K		9K	14K		9K	14K		9K	14K
P1															
P2															
P3															
P4															

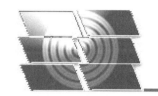

附录B

"新商战电子沙盘"实训资料

> 经过 ERP 沙盘模拟的历练,你一定获得了企业管理的真实体验,积累了很多宝贵的管理经验,或许,也有些遗憾。
> 有没有感觉意犹未尽?还有机会!
> 激烈的新商战电子沙盘模拟对抗即将开始,珍惜机遇,挑战自我吧!

附录 B 中提供以下实训资料:

- 本科教学规则一。
- 本科订单规则(6~8 组)市场预测。
- 企业经营记录表。
- 资金预算表。

B-1 本科教学规则一

1. 生产线

生产线	购置费	安装周期	生产周期	维修费	残值	转产周期	转产费	分值
手工线	35W	无	2Q	5W/年	5W	无	无	0 分
自动线	150W	3Q	1Q	20W/年	30W	1Q	20W	8 分
柔性线	200W	4Q	1Q	20W/年	40W	无	无	10 分

(1) 不论何时出售生产线,从生产线净值中取出相当于残值的部分计入现金,将净值与残值之差计入损失。

(2) 只有空闲的生产线才可转产。

(3) 已建成的生产线都要交维修费。

2. 折旧(平均年限法)

生产线	购置费	残值	建成第一年	建成第二年	建成第三年	建成第四年	建成第五年
手工线	35W	5W	0	10W	10W	10W	0
自动线	150W	30W	0	30W	30W	30W	30W
柔性线	200W	40W	0	40W	40W	40W	40W

(1) 当生产线净值等于残值时生产线不再计提折旧，但可以继续使用。

(2) 生产线建成第一年(当年)不计提折旧。

3. 厂房

厂房	购买价格	租金	出售价格	容量	购买上限	分值
大厂房	400W	40W/年	400W	4条	3个	10分
中厂房	300W	30W/年	300W	3条	3个	8分
小厂房	180W	18W/年	180W	2条	3个	7分

(1) 租用或购买厂房可以在任何季度进行。如果决定租用厂房或者将厂房买转租，在开始租用时就要交付租金。

(2) 租入厂房后，租期结束后才可进行租转买、退租等处理，如果没有重新选择，系统自动做续租处理，租金在"当季结束"时和"行政管理费"一并扣除。

(3) 如需新建生产线，则厂房需有空闲空间。

(4) 当厂房中没有生产线时，才可以选择退租。

(5) 厂房合计购/租上限为3。

(6) 已购厂房随时可以按原值出售，获得账期为4Q的应收款。紧急情况下可贴现直接得到现金。

4. 融资

贷款类型	贷款时间	贷款额度	年息	还款方式
长期贷款	每年度初	所有贷款不超过上一年所有者权益的3倍，不低于10W	10%	年初付息，到期还本
短期贷款	每季度初	所有贷款不超过上一年所有者权益的3倍，不低于10W	5%	到期一次还本付息
资金贴现	任何时间	不超过应收款额	10%(1季，2季) 12.5%(3季，4季)	贴现各账期分开核算，分开计息
库存拍卖	原材料八折(向下取整)，成品按成本价			

(1) 长期贷款期限为 1~5 年，短期贷款期限为四个季度(一年)。
(2) 长期贷款借入当年不付息，第二年年初开始，每年按年利率支付利息，到期还本时，支付最后一年利息。
(3) 短期贷款到期时，一次性还本付息。
(4) 长期贷款和短期贷款均不可提前还款。
(5) 如与参数有冲突，以参数为准。

5. 市场准入

市场	开发费用	开发周期	分值
本地市场	10W/年×1 年=10W	1 年	7 分
区域市场	10W/年×1 年=10W	1 年	7 分
国内市场	10W/年×2 年=20W	2 年	8 分
亚洲市场	10W/年×3 年=30W	3 年	9 分
国际市场	10W/年×4 年=40W	4 年	10 分

(1) 开发费用按照开发时间平均支付，不允许加速投资，但可以中断。
(2) 市场开拓，只能在每年第四季度操作。

6. ISO 认证

市场	开发费用	开发周期	分值
ISO 9000	10W/年×2 年=20W	2 年	8 分
ISO 14000	20W/年×2 年=40W	2 年	10 分

(1) 开发费用按照开发时间平均支付，不允许加速投资，但可以中断。
(2) ISO 认证，只能在每年第四季度操作。

7. 产品研发

名称	开发费用	开发周期	加工费	直接成本	产品组成	分值
P1	10W/季×2 季=20W	2 季	10W/个	20W/个	R1	7 分
P2	10W/季×3 季=30W	3 季	10W/个	30W/个	R2+R3	8 分
P3	10W/季×4 季=40W	4 季	10W/个	40W/个	R1+R3+R4	9 分
P4	10W/季×5 季=50W	5 季	10W/个	50W/个	R1+R3+2R4	10 分

(1) 开发费用按照开发时间平均支付，不允许加速投资，但可以中断。
(2) 产品研发每个季度都可以操作。

8. 原材料

名称	购买价格	提前期
R1	10W/个	1 季
R2	10W/个	1 季
R3	10W/个	2 季
R4	10W/个	2 季

9. 紧急采购

(1) 付款即到货，可马上投入生产或销售，原材料价格为直接成本的 2 倍，成品价格为直接成本的 3 倍。即：紧急采购 R1 或 R2，每个原材料单价为 20W/个，紧急采购 P1 单价为 60W/个，紧急采购 P2 单价为 90W/个。

(2) 紧急采购原材料和产品时，直接扣除现金。上报报表时，成本仍然按照标准成本记录，紧急采购多付出的成本计入费用表"损失"。

(3) 如与参数冲突，以参数为准。

10. 选单规则

以当年本市场本产品广告投放额的大小顺序依次选单；如果两组本市场本产品广告投放额相同，则看当年本市场广告投放总额；如果当年本市场广告投放总额也相同，则看上一年该市场销售排名；如果仍然相同，先投广告者先选单。

如果参数中选择有市场老大，老大有该市场所有产品优先选单权。

> **要点提示**

- 必须在倒计时大于 5 秒时选单，出现确认框要在 3 秒内按下"确认"按钮，否则可能造成选单无效。
- 每组每轮选单只能先选择 1 张订单，当所有投放广告组完成第一轮选单后，且还有订单时，该市场该产品广告投放额大于等于 3W 的组将获得第二轮选单机会，选单顺序和第一轮相同；第二轮选单完成后，该市场该产品广告投放额大于等于 5W 的组将获得第三轮选单机会，选单顺序和第一轮相同；以此类推。
- 在某细分市场(如本地、P1)有多次选单机会，只要放弃一次，则视同放弃该细分市场所有选单机会。
- 选单中有意外，请立即告知老师，老师会暂停倒计时。
- 市场老大指上一年某市场内所有产品销售总额最多，且在该市场没有违约的企业，如果出现多组销售总额相等，则市场无老大。
- 第一年无订单。
- 一年内可提前交单，不得超交货期交单。订单违约将被收回并扣除罚金。

11. 取整规则

- 违约金扣除——四舍五入；
- 库存出售所得现金——向下取整；
- 贴现费用——向上取整；
- 贷款利息——四舍五入。

12. 重要参数

违约金比例	20.00%	贷款额倍数	3 倍
产品折价率	100.00%	原材料折价率	80.00%
长贷利率	10.00%	短贷利率	5.00%
1、2 期贴现率	10.00%	3、4 期贴现率	12.50%
初始现金	600W	管理费	10W
信息费	1W	所得税率	25.00%
最大长贷年限	5 年	最小得单广告投放额	10W
原材料紧急采购倍数	2 倍	产品紧急采购倍数	3 倍
选单时间	45 秒	首位选单补时	15 秒
市场同开数量	2	市场老大	有
竞单时间	90 秒	竞单同竞数	3
最大厂房数量	3 个		

要点提示

每市场每产品选单时，第一组选单时间设为 60 秒，自第二组起，选单时间设为 45 秒。

13. 破产处理

当某组权益为负(指当年结束系统生成资产负债表时为负)或现金断流时(即现金为负数，但权益和现金可以为零)，企业破产。

破产后，教师可通过注资等方式使其继续参与模拟经营实训。

14. 教学排名

教学结果以参加教学各组的第六年结束后的最终所有者权益进行评判，分数高者为优胜。

如果出现最终权益相等的情况，则参照各组第六年结束后的最终盘面计算盘面加分值，加分值高的组排名在前(排行榜只限于排名之用，不计入最终权益值)；如果加分值仍相等，则比较第六年净利润，高者排名靠前；如果还相等，则先完成第六年经营的组排名在前。

$$总成绩＝所有者权益×(1＋企业综合发展潜力÷100)$$
$$企业综合发展潜力＝市场资格分值＋ISO资格分值＋生产资格分值＋厂房分值＋各条生产线分值$$

生产线建成(包括转产)即加分，无须生产出产品，也无须有在制品；厂房必须是购买的。

B-2 本科订单规则(6~8组)市场预测

需求量

序号	年份	产品	本地	区域	国内	亚洲	国际
1	第二年	P1	17	18	0	0	0
2	第二年	P2	25	22	0	0	0
3	第二年	P3	14	15	0	0	0
4	第二年	P4	18	13	0	0	0
5	第三年	P1	16	15	18	0	0
6	第三年	P2	17	15	23	0	0
7	第三年	P3	18	17	19	0	0
8	第三年	P4	14	9	23	0	0
9	第四年	P1	18	14	16	14	0
10	第四年	P2	10	27	20	21	0
11	第四年	P3	20	16	14	15	0
12	第四年	P4	21	16	18	15	0
13	第五年	P1	18	18	13	22	18
14	第五年	P2	15	16	17	13	16
15	第五年	P3	15	15	13	13	19
16	第五年	P4	18	9	12	17	15
17	第六年	P1	12	13	17	16	50
18	第六年	P2	23	18	26	18	15
19	第六年	P3	13	19	14	15	4
20	第六年	P4	23	14	11	21	0

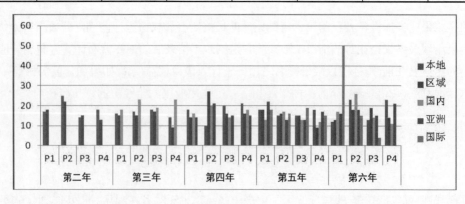

订单数量

序号	年份	产品	本地	区域	国内	亚洲	国际
1	第二年	P1	8	7	0	0	0
2	第二年	P2	7	7	0	0	0
3	第二年	P3	6	7	0	0	0
4	第二年	P4	7	4	0	0	0
5	第三年	P1	8	6	7	0	0
6	第三年	P2	7	7	9	0	0
7	第三年	P3	8	6	8	0	0
8	第三年	P4	7	4	7	0	0
9	第四年	P1	7	6	7	6	0
10	第四年	P2	6	9	7	9	0
11	第四年	P3	8	7	8	7	0
12	第四年	P4	8	7	6	8	0
13	第五年	P1	7	5	5	7	7
14	第五年	P2	6	7	8	6	5
15	第五年	P3	6	5	6	7	7
16	第五年	P4	7	5	5	6	5
17	第六年	P1	5	6	6	6	15
18	第六年	P2	8	6	8	6	6
19	第六年	P3	5	8	8	7	3
20	第六年	P4	8	6	6	6	0

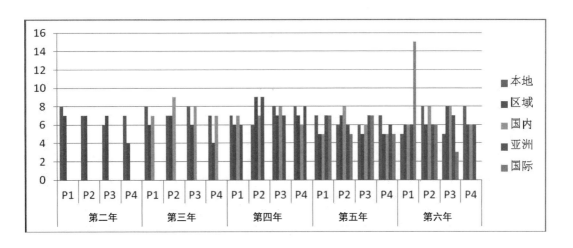

均价

序号	年份	产品	本地	区域	国内	亚洲	国际
1	第二年	P1	50.82	51.44	0	0	0
2	第二年	P2	71.52	68.05	0	0	0
3	第二年	P3	90	92.4	0	0	0
4	第二年	P4	101.11	112.38	0	0	0
5	第三年	P1	50.69	53.53	50.94	0	0
6	第三年	P2	71.65	72	71.7	0	0
7	第三年	P3	90.67	91.41	93.37	0	0
8	第三年	P4	115.5	106.22	103.3	0	0
9	第四年	P1	53.44	51.64	50.69	49.79	0
10	第四年	P2	73.4	71.11	72.45	71.81	0
11	第四年	P3	92.55	89.69	91.86	92.27	0
12	第四年	P4	106.1	105.75	104.11	107.27	0
13	第五年	P1	48.39	52.22	51.69	49.5	51.06
14	第五年	P2	73	74.25	71.65	70	68.19
15	第五年	P3	89.27	89.47	91.23	90.31	90.16
16	第五年	P4	121.11	119.78	124.17	124.41	130.73
17	第六年	P1	48.92	50.69	50.24	49.38	17.42
18	第六年	P2	72.35	70.67	72.46	70.83	74.47
19	第六年	P3	89.15	90.21	89.79	94.13	94.5
20	第六年	P4	107.57	105.5	109.64	105.62	0

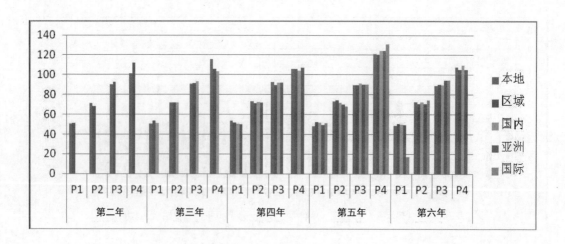

B-3　企业经营记录表

顺序	流程任务	操作提示	第一年				第二年			
			第一季度	第二季度	第三季度	第四季度	第一季度	第二季度	第三季度	第四季度
年初7项	投放广告(支付广告费、支付所得税)	输入广告，确认								
	参加订货会/竞单会	选单/竞单								
	支付广告费	系统自动								
	支付应付税	系统自动								
	支付长期贷款利息	系统自动								
	更新长贷/偿还到期长贷本金	系统自动								
	申请长贷	输入长贷金额、年限								
1	季初现金盘点	单击"当季开始"按钮								
2	还本付息/更新短期贷款	系统自动								
3	更新生产/完工入库	系统自动								
4	生产线完工/转产完工	系统自动								
5	申请短贷	输入短贷金额								
6	更新原料库	输入入库材料金额								
7	订购原料	输入数量								
8	购租厂房	选择并确认								
9	新建/在建/转产/出售生产线	选择并确认								
10	紧急采购(随时进行)	输入数量								
11	开始生产	选择并确认								
12	应收款更新	需要确认收现金额								
13	按订单交货	选择交货订单确认								
14	厂房处理(出售/买转租/退租/租转买)	选择并确认								
15	产品研发	选择并确认								
16	支付行政管理费	系统自动								
17	厂房续租	系统自动								
18	应收款贴现(随时进行)	输入贴现应收款金额								
19	出售库存(随时进行)	输入出售数量								
20	厂房贴现(随时进行)	选择并确认								
21	间谍	选择并确认								
22	季末现金盘点(第四季度为当年结束)	单击"当季结束"按钮								
年末6项	ISO 投资	选择并确认								
	市场开拓	选择并确认								
	缴纳违约订单罚款	系统自动								
	支付设备维护费	系统自动								
	计提折旧	系统自动								
	填写报表	填写并提交报表(系统能自动生成)								

订单登记表(第一年)

订单号									合计
市场									
产品									
数量									
账期									
交货期									
销售额									
成本									
毛利									
罚款									

产品核算统计表(第一年)

项目	P1	P2	P3	P4	合计
数量					
销售额					
成本					
毛利					

综合费用明细表(第一年)

项目	金额	备注
管理费		
广告费		
维修费		
租金		
转产费		
ISO 认证费		□ISO 9000　　□ISO 14000
市场开拓费		□区域　　□国内　　□亚洲　　□国际
产品研发费		P2(　　)　P3(　　)　P4(　　)
信息费		
损失		
合计		

订单登记表(第二年)

订单号											合计
市场											
产品											
数量											
账期											
交货期											
销售额											
成本											
毛利											
罚款											

产品核算统计表(第二年)

项目	P1	P2	P3	P4	合计
数量					
销售额					
成本					
毛利					

综合费用明细表(第二年)

项目	金额	备注
管理费		
广告费		
维修费		
租金		
转产费		
ISO 认证费		□ISO 9000　　□ISO 14000
市场开拓费		□区域　　□国内　　□亚洲　　□国际
产品研发费		P2(　　)　P3(　　)　P4(　　)
信息费		
损失		
合计		

利润表

项目	第一年	第二年
销售收入		
直接成本		
毛利		
综合费用		
折旧前利润		
折旧		
支付利息前利润		
财务收入/支出		
其他收入/支出		
税前利润		
所得税		
净利润		

资产负债表

资产	第一年	第二年	负债和所有者权益	第一年	第二年
流动资产：			负债：		
库存现金			长期负债		
应收款			短期负债		
在制品			应付账款		
产成品			应交税金		
原料					
流动资产合计			负债合计		
固定资产：			所有者权益：		
土地和建筑			股东资本		
机器与设备			利润留存		
在建工程			年度净利		
固定资产合计			所有者权益合计		
资产总计			负债和所有者权益总计		

B-3 企业经营记录表

顺序	流程任务	操作提示	第三年				第四年			
			第一季度	第二季度	第三季度	第四季度	第一季度	第二季度	第三季度	第四季度
年初7项	投放广告(支付广告费、支付所得税)	输入广告,确认								
	参加订货会/竞单会	选单/竞单								
	支付广告费	系统自动								
	支付应付税	系统自动								
	支付长期贷款利息	系统自动								
	更新长贷/偿还到期长贷本金	系统自动								
	申请长贷	输入长贷金额、年限								
1	季初现金盘点	单击"当季开始"按钮								
2	还本付息/更新短期贷款	系统自动								
3	更新生产/完工入库	系统自动								
4	生产线完工/转产完工	系统自动								
5	申请短贷	输入短贷金额								
6	更新原料库	输入入库材料金额								
7	订购原料	输入数量								
8	购租厂房	选择并确认								
9	新建/在建/转产/出售生产线	选择并确认								
10	紧急采购(随时进行)	输入数量								
11	开始生产	选择并确认								
12	应收款更新	需要确认收现金额								
13	按订单交货	选择交货订单确认								
14	厂房处理(出售/买转租/退租/租转买)	选择并确认								
15	产品研发	选择并确认								
16	支付行政管理费	系统自动								
17	厂房续租	系统自动								
18	应收款贴现(随时进行)	输入贴现应收款金额								
19	出售库存(随时进行)	输入出售数量								
20	厂房贴现(随时进行)	选择并确认								
21	间谍	选择并确认								
22	季末现金盘点(第四季度为当年结束)	单击"当季结束"按钮								
年末6项	ISO 投资	选择并确认								
	市场开拓	选择并确认								
	缴纳违约订单罚款	系统自动								
	支付设备维护费	系统自动								
	计提折旧	系统自动								
	填写报表	填写并提交报表(系统能自动生成)								

订单登记表(第三年)

订单号											合计
市场											
产品											
数量											
账期											
交货期											
销售额											
成本											
毛利											
罚款											

产品核算统计表(第三年)

项目	P1	P2	P3	P4	合计
数量					
销售额					
成本					
毛利					

综合费用明细表(第三年)

项目	金额	备注
管理费		
广告费		
维修费		
租金		
转产费		
ISO 认证费		□ISO 9000　　□ISO 14000
市场开拓费		□区域　　□国内　　□亚洲　　□国际
产品研发费		P2(　)　P3(　)　P4(　)
信息费		
损失		
合计		

订单登记表(第四年)

订单号											合计
市场											
产品											
数量											
账期											
交货期											
销售额											
成本											
毛利											
罚款											

产品核算统计表(第四年)

项目	P1	P2	P3	P4	合计
数量					
销售额					
成本					
毛利					

综合费用明细表(第四年)

项目	金额	备注
管理费		
广告费		
维修费		
租金		
转产费		
ISO 认证费		□ISO 9000　　□ISO 14000
市场开拓费		□区域　　□国内　　□亚洲　　□国际
产品研发费		P2(　　) P3(　　) P4(　　)
信息费		
损失		
合计		

利润表

项目	第三年	第四年
销售收入		
直接成本		
毛利		
综合费用		
折旧前利润		
折旧		
支付利息前利润		
财务收入/支出		
其他收入/支出		
税前利润		
所得税		
净利润		

资产负债表

资产	第三年	第四年	负债和所有者权益	第三年	第四年
流动资产：			负债：		
库存现金			长期负债		
应收款			短期负债		
在制品			应付账款		
产成品			应交税金		
原料					
流动资产合计			负债合计		
固定资产：			所有者权益：		
土地和建筑			股东资本		
机器与设备			利润留存		
在建工程			年度净利		
固定资产合计			所有者权益合计		
资产总计			负债和所有者权益总计		

B-3 企业经营记录表

顺序	流程任务	操作提示	第五年				第六年			
			第一季度	第二季度	第三季度	第四季度	第一季度	第二季度	第三季度	第四季度
年初7项	投放广告(支付广告费、支付所得税)	输入广告,确认								
	参加订货会/竞单会	选单/竞单								
	支付广告费	系统自动								
	支付应付税	系统自动								
	支付长期贷款利息	系统自动								
	更新长贷/偿还到期长贷本金	系统自动								
	申请长贷	输入长贷金额、年限								
1	季初现金盘点	单击"当季开始"按钮								
2	还本付息/更新短期贷款	系统自动								
3	更新生产/完工入库	系统自动								
4	生产线完工/转产完工	系统自动								
5	申请短贷	输入短贷金额								
6	更新原料库	输入入库材料金额								
7	订购原料	输入数量								
8	购租厂房	选择并确认								
9	新建/在建/转产/出售生产线	选择并确认								
10	紧急采购(随时进行)	输入数量								
11	开始生产	选择并确认								
12	应收款更新	需要确认收现金额								
13	按订单交货	选择交货订单确认								
14	厂房处理(出售/买转租/退租/租转买)	选择并确认								
15	产品研发	选择并确认								
16	支付行政管理费	系统自动								
17	厂房续租	系统自动								
18	应收款贴现(随时进行)	输入贴现应收款金额								
19	出售库存(随时进行)	输入出售数量								
20	厂房贴现(随时进行)	选择并确认								
21	间谍	选择并确认								
22	季末现金盘点(第四季度为当年结束)	单击"当季结束"按钮								
年末6项	ISO投资	选择并确认								
	市场开拓	选择并确认								
	缴纳违约订单罚款	系统自动								
	支付设备维护费	系统自动								
	计提折旧	系统自动								
	填写报表	填写并提交报表(系统能自动生成)								

订单登记表(第五年)

订单号										合计
市场										
产品										
数量										
账期										
交货期										
销售额										
成本										
毛利										
罚款										

产品核算统计表(第五年)

项目	P1	P2	P3	P4	合计
数量					
销售额					
成本					
毛利					

综合费用明细表(第五年)

项目	金额	备注
管理费		
广告费		
维修费		
租金		
转产费		
ISO 认证费		□ISO 9000 □ISO 14000
市场开拓费		□区域 □国内 □亚洲 □国际
产品研发费		P2(　) P3(　) P4(　)
信息费		
损失		
合计		

订单登记表(第六年)

订单号										合计
市场										
产品										
数量										
账期										
交货期										
销售额										
成本										
毛利										
罚款										

产品核算统计表(第六年)

项目	P1	P2	P3	P4	合计
数量					
销售额					
成本					
毛利					

综合费用明细表(第六年)

项目	金额	备注
管理费		
广告费		
维修费		
租金		
转产费		
ISO 认证费		□ISO 9000　　□ISO 14000
市场开拓费		□区域　　□国内　　□亚洲　　□国际
产品研发费		P2(　)　P3(　)　P4(　)
信息费		
损失		
合计		

利润表

项目	第五年	第六年
销售收入		
直接成本		
毛利		
综合费用		
折旧前利润		
折旧		
支付利息前利润		
财务收入/支出		
其他收入/支出		
税前利润		
所得税		
净利润		

资产负债表

资产	第五年	第六年	负债和所有者权益	第五年	第六年
流动资产：			负债：		
库存现金			长期负债		
应收款			短期负债		
在制品			应付账款		
产成品			应交税金		
原料					
流动资产合计			负债合计		
固定资产：			所有者权益：		
土地和建筑			股东资本		
机器与设备			利润留存		
在建工程			年度净利		
固定资产合计			所有者权益合计		
资产总计			负债和所有者权益总计		

B-4 资金预算表

资金预算表

项目	第一年				第二年			
	第一季度	第二季度	第三季度	第四季度	第一季度	第二季度	第三季度	第四季度
期初库存现金								
贴现收入								
支付上年应交税								
广告投入								
支付长期贷款本息								
申请长贷								
支付短期贷款本息								
申请短贷								
支付材料款								
购租厂房								
生产线新建/在建/转产/变卖								
支付人工费								
收到应收款								
订单交货								
产品研发投资								
支付管理费用								
厂房续租								
其他								
支付设备维护费								
支付市场开拓费								
支付ISO认证费								
违约罚款								
库存现金余额								

资金预算表

项目	第三年				第四年			
	第一季度	第二季度	第三季度	第四季度	第一季度	第二季度	第三季度	第四季度
期初库存现金								
贴现收入								
支付上年应交税								
广告投入								
支付长期贷款本息								
申请长贷								
支付短期贷款本息								
申请短贷								
支付材料款								
购租厂房								
生产线新建/在建/转产/变卖								
支付人工费								
收到应收款								
订单交货								
产品研发投资								
支付管理费用								
厂房续租								
其他								
支付设备维护费								
支付市场开拓费								
支付ISO认证费								
违约罚款								
库存现金余额								

资金预算表

项目	第五年				第六年			
	第一季度	第二季度	第三季度	第四季度	第一季度	第二季度	第三季度	第四季度
期初库存现金								
贴现收入								
支付上年应交税								
广告投入								
支付长期贷款本息								
申请长贷								
支付短期贷款本息								
申请短贷								
支付材料款								
购租厂房								
生产线新建/在建/转产/变卖								
支付人工费								
收到应收款								
订单交货								
产品研发投资								
支付管理费用								
厂房续租								
其他								
支付设备维护费								
支付市场开拓费								
支付 ISO 认证费								
违约罚款								
库存现金余额								

企业经营记录表

任务	第一年				第二年				第三年			
	第一季度	第二季度	第三季度	第四季度	第一季度	第二季度	第三季度	第四季度	第一季度	第二季度	第三季度	第四季度
投放广告(支付广告费、支付所得税)		■	■	■		■	■	■		■	■	■
参加订货会		■	■	■		■	■	■		■	■	■
申请长贷		■	■	■		■	■	■		■	■	■
当季开始(更新短贷/短贷还本付息、更新生产/完工入库、生产线完工/转产完工)												
申请短贷												
更新原料库												
订购原料												
购租厂房												
新建生产线												
在建生产线												
生产线转产												
出售生产线												
开始生产												
应收款更新												
按订单交货												
厂房处理												
产品研发												
当季结束(支付行政管理费/厂房续租/检测产品开发完成情况)												■
ISO 投资	■	■	■		■	■	■		■	■	■	
市场开拓	■	■	■		■	■	■		■	■	■	
当年结束(支付行政管理费/厂房续租/检测产品开发完成情况/检测ISO资格认证完成情况/检测市场开拓完成情况/支付设备维修费/计提当年折旧/扣除违约订单罚款)	■	■	■		■	■	■		■	■	■	
填写报表												
贴现												
紧急采购												
出售库存												
厂房贴现												
间谍												

企业经营记录表

任务	第四年				第五年				第六年			
	第一季度	第二季度	第三季度	第四季度	第一季度	第二季度	第三季度	第四季度	第一季度	第二季度	第三季度	第四季度
投放广告(支付广告费、支付所得税)												
参加订货会												
申请长贷												
当季开始(更新短贷/短贷还本付息、更新生产/完工入库、生产线完工/转产完工)												
申请短贷												
更新原料库												
订购原料												
购租厂房												
新建生产线												
在建生产线												
生产线转产												
出售生产线												
开始生产												
应收款更新												
按订单交货												
厂房处理												
产品研发												
当季结束(支付行政管理费/厂房续租/检测产品开发完成情况)												
ISO投资												
市场开拓												
当年结束(支付行政管理费/厂房续租/检测产品开发完成情况/检测ISO资格认证完成情况/检测市场开拓完成情况/支付设备维修费/计提当年折旧/扣除违约订单罚款)												
填写报表												
贴现												
紧急采购												
出售库存												
厂房贴现												
间谍